中公新書 2393

麻田雅文著

シベリア出兵

近代日本の忘れられた七年戦争

中央公論新社刊

はじめに

シベリア。

いくつかの大河が目印となるだけの平坦《へいたん》な大地を、飛行機の小窓から眺めた人もいるかもしれない。ユーラシア大陸の北辺にあたり、西はウラル山脈、東は太平洋岸にまで広がり、その面積一三八〇万平方キロは、アメリカ合衆国と、ロシアを除くヨーロッパを合わせたのにほぼ匹敵する（『新版 ロシアを知る事典』）。

地域差はあるが、長い冬は氷点下が続き、短い夏は蒸し暑く、人間の住む環境としては過酷である。実際、人口はその面積の割に四〇〇〇万人弱でしかない。

そんなロシアの辺境だが、日本人には因縁深い歴史がある。

二〇世紀に、シベリアには多くの日本の軍人が足を踏み入れた。一度目は占領軍として、二度目は捕虜として。前者がシベリア出兵、後者がシベリア抑留である。

シベリア出兵は、ロシア革命の混乱に乗じ、一九一八（大正七）年に日本海に面したロシアの港町、ウラジオストクに日本を含む各国の軍隊が上陸して始まった。ウラジオストクからは、日本軍は二二年に撤兵する。だが本書は、二五年にサハリン島（樺太《からふと》）の北部から日本軍が撤退するまで、足かけ七年に及んだ長期戦と定義する。

悪名高いシベリア出兵

戦後を代表する作家、司馬《しば》遼太郎《りょうたろう》（一九二三～九六）のシベリア出兵の評価は手厳しい。

前代未聞の瀆武《とくぶ》といえる。

理由も無く他国に押し入り、その国の領土を占領し、その国のひとびとを殺傷するなどというのは、まともな国のやることだろうか。

ソ連は、建国のときにこの傷手《いたで》をうけた。自国の革命を守るために過剰に武装するという体質ができるのは――武装好きがロシアの伝統とはいえ――このときからだったといえる。同時に、日本に対する武力的な警戒を過度にするという伝統が加重されたのも、このときからだともいえそうである。

もっとも、力学的関係のみからいえば、当時の日本にも言いぶんがないとはいえない。日本は、日露戦争のあと、ロシアの報復をおそれた。このおびえが、帝政の自壊をさいわい、シベリア・ロシアからの軍事地理的圧迫感を軽減もしくは無にしようとしてこの無名《むめい》の師《し》をおこした、といえる。ばかな話だが。

（『ロシアについて』）

「瀆武」は「黷武」とも書き、道理を外れた戦争で武威を汚すことである。また「無名の師」とは、大義名分なき戦争のことで、後世の歴史家たちがシベリア出兵を断罪する際の常套句だ。司馬に言わせれば、日本のシベリア出兵は、ロシアという「恐怖心の当《とう》の相手が、やや引っ込んだように見えたから出ていった」、「実に恥ずかしい、いかがわしいこと」にほかならなかった（『「昭和」という国家』）。

さらに司馬は、この戦争が近代日本の一つの転機となったことを、こう説明する。

「日本がましな国だったのは、日露戦争までだった。とくに大正七年のシベリア出兵からはキツネに酒を飲ませて馬にのせたような国になり、太平洋戦争の敗戦でキツネの幻想は潰《つい》えた」（『アメリカ素描』）。

では、日本はシベリア出兵でどのような「傷手」をソ連に負わせ、日本はこの出兵前後で何が変わったのか。残念ながら、その問いに答えるべき司馬はすでに世を去っている。

忘れられた戦争

そもそも、シベリア出兵は知名度が低い。ほとんどの人びとにとっては、中学や高校の日本史の教科書で見かけるのが最後だろう。例外的に、二〇〇三年に始まったイラク戦争で、自衛隊が派遣されたのをシベリア出兵になぞらえる声があったものの、マスメディアで取り上げられることはめったにない。

研究の蓄積も、日清戦争（一八九四～九五年）や日露戦争（一九〇四～〇五年）に遠く及ばないのが実情だ。ただ、研究の先鞭《せんべん》をつけた細谷千博《ほそやちひろ》の『シベリア出兵の史的研究』（一九五五年）は、国際政治史の分野における名著として知られる。ほかに、日露の史料を駆使した原暉之《はらてるゆき》の大作『シベリア出兵』（一九八九年）、日本側の史料を再検討した井竿富雄《いざおとみお》『初期シベリア出兵の研究』（二〇〇三年）が代表的な研究である。いずれも、出兵の初期に焦点を当てている。だが、なぜ日本は早々に撤兵できなかったのかなど、研究の進んでいない点はまだ多い。

対照的に、日本の干渉をはねのけて成立したソ連は、その「勝利の記憶」を歴史書に刻み続けた。ソ連が崩壊したいまも、日本の「軍国主義」は、数々のロシアの歴史書や教科書に取り上げられている。シベリア出兵への関心は、日露間で温度差がある。

日本では、シベリア出兵より、シベリア抑留の方がよく知られている。第二次世界大戦後の一九四五（昭和二〇）年に、ソ連軍に投降した約六〇万人の日本人が捕虜として連行され、強制労働に従事させられた結果、約六万人が祖国の土を踏めなかったシベリア抑留。最後の抑留者が日本に戻ったのは一九五六年だった。こちらについては、体験者により、多くの証言が語られている。

ロシアでは、歴史的な重要性は逆となる。シベリア抑留とは、日本やドイツの「軍国主義」を打ち破った代償に、戦争で荒廃させられた祖国の復興に捕虜たちを活用したのだ、というのが一般論で、研究者以外の関心は低い。一方、日本のシベリア出兵は、祖国を軍靴で踏み荒らされた、忘れがたい屈辱であり続けている。

埋められない歴史認識

同じ歴史も、国が異なれば見方は変わる。その一例を紹介しよう。時はソ連時代の一九七〇年代末である。自身も五年近いシベリア抑留を経験した文化人類学者の加藤九祚《かとうきゅうぞう》（一九二二〜二〇一六）が、シベリアでロシア人の研究者と杯を重ねていた。

酔いの回った加藤は、バム鉄道（バイカル・アムール鉄道、第二シベリア鉄道ともいう）の敷設現場で、抑留中に酷使された経験を語った。そして、ソ連のどの歴史書にも、敷設における日本人抑留者の記述がない、と強く詰《なじ》る。相手のロシア人は開き直った。

歴史書に、どのような史料をとりあげ、どう記述するかはその歴史家の自由じゃないですか。こんなことは言いたくありませんが、話がここまできた以上、言いましょう。わたしの祖父は、ロシア革命に干渉するためにシベリアへ派遣された日本軍に殺されました。残された祖母と父たちがそのためにどんな苦労をしたかわかりますか。しかも、そんな苦しみを味わったのはわたしたち一家だけではないのです。ほかにもおおぜいいます。それについて日本の歴史の本には全部書かれていますか。

「二日酔いの後にも、この言葉だけは私の心の底に沈殿《ちんでん》した」と加藤は回想している（『シベリア記』）。このように、シベリア抑留とシベリア出兵を同列に論じるロシア人は、それほど珍しくはない。

冷戦の激しい時代には、シベリア出兵の首謀者をアメリカとする論調が、ソ連国内では強かった。だが近年は、日本を加害国の筆頭に位置づける考えが根強い。ほかにも出兵した国々が数あるなかで、なぜ日本が強く記憶にとどまり続けているのか。

そして、日本の兵士たちは、故郷から遠く離れたシベリアで、なぜ銃をとり、傷つき、倒れなければならなかったのか。何より、戦争はなぜ七年も続いたのか。

本書が、それらの答えを導く手助けとなれば幸いである。

目次

シベリア出兵——近代日本の忘れられた七年戦争

デモクラシー』(吉川弘文館, 2008年)などを基に筆者作成

シベリア出兵関連地図

註記：ペトログラードは現サンクトペテルブルグ／出典：小林啓治『総力

凡例

（一）日本の研究者からは、シベリア出兵を指すのに、「シベリア干渉戦争」や「北満シベリア出兵」など、異なる呼称も提唱されている。しかし本書では、もっとも読者になじみのあると思われる「シベリア出兵」を採用した。

（二）本書では読みやすさを考慮して、引用文における歴史的かなづかいは現代のものに改め、カタカナをひらがなに直し、適宜句読点を補い、ふりがなを付した。漢字は原則として新字体を使用した。引用文中の［　］は筆者による補足である。引用文中には、現在では不適切な表現がみられるが、歴史史料としての性格上、原文のままとした。

（三）肩書きはすべて当時のものである。当時の陸海軍における将校の階級は、大将、中将、少将、大佐、中佐、少佐、大尉、中尉、少尉の順だった。陸海軍大将のうち、「老巧卓抜」な者が任命される元帥は階級ではない。便宜的に、本書ではその地位を示すのに陸軍元帥、海軍元帥という語を用いた。

当時の陸軍歩兵の構成単位は、中隊四個を一つにして一個大隊、三個大隊で一個連隊、二個連隊で一個旅団、二個旅団で一個師団を原則とする。さらに師団には、騎兵連隊や砲兵連隊などの支援部隊が編入されていた。師団の規模は平時で一万余り、戦時でおよそ二万五〇〇〇人である。

（四）地名は当時の表記を優先した。南北満洲は長春（現中国吉林省長春）を境とする。本書では、北満洲とはロシアが経営した中東鉄道（日本では東清鉄道、東支鉄道と当時呼ばれた）の沿線、南満洲とは日本の経営した南満洲鉄道（以下、満鉄）の沿線と考えて構わない。「満洲」ではなく、原文に「満州」とある場合はそのままとした。

（五）ロシアでは、シベリアがどこまでの領域を指すか、時代によって変遷がある。ソ連時代は、日本のシベリア出兵に対応するために、一九二〇年から二二年に存続した極東共和国の版図に入った土地を指すのに「極東」という語を用いて、バイカル湖より東をシベリアと区別した。現在のロシアでも「極東」は地名として定着している。ただ本書では煩雑さを避けるため、ウラル山脈から太平洋岸までを、すべてシベリアとした。

序章　ロシア革命勃発の余波——一九一七〜一八年

1　英仏からの干渉の誘い

第一次世界大戦の勃発

シベリア出兵は第一次世界大戦の延長線上にあり、その一戦線として始まった。それを説明する前に、まずは第一次世界大戦について、そして日露両国が参戦した経緯を、簡潔にまとめておこう。

一九一四年七月、オーストリア＝ハンガリー二重君主国（以下、オーストリア）は、帝位継承者がセルビア人に暗殺された事件をきっかけに、黒幕とにらんだセルビア政府へ宣戦布告した。

ロシアは、同じスラブ系のセルビア人の苦境を座視できず、ドイツやオーストリアとの戦争を決意する。しかし八月一日、先手を打ってドイツがロシアに宣戦を布告した。ドイツやオーストリアを同盟国、ロシアやイギリス、フランスの組む陣営を連合国という。

ドイツは二正面での戦いを強いられる。ロシアとは東部戦線で、英仏とは西部戦線で対峙《たいじ》した。ロシア軍は動員も不十分なままだったが、西部戦線でドイツの攻撃を受けるフランスの強い要求におされて、ドイツ領へ攻めこんだ。しかし、八月下旬のタンネンベルクの戦いでドイツ軍に大敗する。一時は盛り返すものの、その後もロシアは決定的な勝機をつかめず、戦線は膠着《こうちゃく》状態となった。

日本の参戦と日露協約

一方、日本の指導者たちは、ヨーロッパの戦争がどちらの勝利に終わるのか意見が割れた。第一次世界大戦の勃発時、ドイツを敵として参戦するよう主張したのが、大隈重信《おおくましげのぶ》内閣で外相を務めていた加藤高明《かとうたかあき》である。彼はイギリス政府から、ドイツの仮装巡洋艦の捜索と撃破のため協力を求められたのを、最大限に利用する。

イギリスのエドワード・グレイ外相は、協力を求めはしたが、参戦までは望んでおらず、日本を思いとどまらせようとする。しかし加藤外相は耳を貸さず、大隈内閣を参戦でまとめあげた。こうして日本は一九一四年八月二三日に、ドイツへ宣戦布告する。

日本軍は、一〇月には赤道以北のドイツ領南洋諸島を、一一月には中国にあったドイツの植民地、青島《チンタオ》を占領する。その後も、巡洋艦と駆逐艦を地中海に派遣してはいるものの、事実上、日本にとっての「大戦」は一九一四年末に終わっていた。

日本とロシアは、大戦中にかつてないほど親密となる。ともに連合国に属する日本は、ロシアに大量の武器を供与して、ロシアがドイツと単独講和を結び、戦線から離脱するのを防ごうとした。

武器供給が誘い水となって、一九一六年七月三日に第四回日露協約が結ばれた。

一九〇七年に初めて結ばれた日露協約は、それまではおもに満洲とモンゴルで、日露の勢力圏を分けることを目的としていた。この第四回の協約は違う。当時は公表されなかった「秘密協約」では、日露両国に敵意を持つ「第三国」の中国支配を防ぎ、そのためにとった措置で、どちらかが「第三国」と戦争となれば、互いに援助することを約束している。「第三国」がどこを指すかは議論がある。アメリカという説もあるが、あえて明示しないことで、あらゆる国家を想定したとも言われる。それまでの日露協約と違い、中国全土に協約の及ぶ範囲を拡大した、事実上の攻守同盟である。

これを境に、日露両国の友好関係は最高潮に達する。しかし、その蜜月《みつげつ》も長くは続かなかった。

ロシア帝国の崩壊

およそ三〇〇年にわたりロシアを支配したロマノフ朝。その長い歴史も、第一次世界大戦中に幕を閉じた。

思わしくない戦況と、都市部における食糧の不足は、ロシアでは特に民衆の不満を高めた。大戦中に穀物の総収穫量は激減し、パンの原材料となる小麦の価格も高騰した。首都ペトログラード（現サンクトペテルブルグ）の食料品店には、パンを求める長蛇の列ができ、工場ではストライキが日常茶飯事となる。

ついに一九一七年三月八日の国際婦人デーに、ペトログラードの女性たちがデモに立ち上がり、一部は小売店からパンを掠奪《りゃくだつ》した。待遇の改善を要求する労働者、平和を求める兵士たちもデモに合流した。さらに、労働者のストライキが市全体へと広がってゆく。世に言う、二月革命の勃発である（当時のロシア暦は西暦より一三日遅れ、勃発は二月二三日のため）。

三月一二日、ペトログラードではソヴィエトが誕生した。ソヴィエトとは、労働者と兵士の代表を集めた自治評議会である。議会にあたる下院《ドゥーマ》では、難局に対処するための臨時委員会が設置された。この二つの組織が協力して、三月一五日に臨時政府を組織する。新政府の主導権は、自由主義者や穏健な社会主義者が握った。

臨時政府が成立したその日、軍司令官たちに促されて、ロシア皇帝ニコライ二世は退位を余儀なくされる。彼は病弱な皇太子のことを考えて、弟ミハイル大公に帝位を譲った。「周囲は裏切りと小心、それに欺瞞《ぎまん》だけだ」と、元皇帝は日記でこぼした（『最後の皇帝ニコライ二世の日記』）。

しかし、ミハイル大公は即位を拒否するよう議員たちや軍に説得され、ついに即位せず、臨時政府に服するよう国民に呼びかける。こうして、首都でデモが始まってからわずか一週間でロマノフ朝は滅びた。ちなみにニコライ二世は、一九一八年七月にシベリアのエカテリンブルグで皇太子や家族もろとも処刑される。ミハイル大公も同年六月に処刑された。

新たに発足した臨時政府は、連合国側に立って大戦を戦い抜くことを宣言した。連合国は、味方となって戦争を継続するならば、ロシアが君主制か共和制かは問題としない。むしろ、東部戦線の立て直しを望む連合国にとって、連合国との協定の遵守と、戦争の遂行を掲げる強力な政府の出現は望ましくさえあった。まずアメリカが、続いて英仏伊が臨時政府を三月に承認する。日本は三月二七日に承認を閣議決定し、四月四日に臨時政府に通知した。

ロシア一〇月革命

だが、その臨時政府が打ち倒された。臨時政府から政権を奪取したのは、ボリシェヴィキ（党内多数派）と名乗る共産主義者たちだった。その首領は、一八七〇年生まれのウラジーミル・レーニンである。逮捕やシベリアへの流刑、国外への亡命を経験するなかでも共産主義の研究に打ち込み、経済理論家としても名が通っていた。

レーニンは二月革命の勃発を、亡命先のスイスで知る。しかし、ロシアへ帰国するにはドイツを通らなければならず、すぐに駆けつけることができない。

ウラジーミル・レーニン

ドイツの参謀本部《さんぼうほんぶ》は、レーニンらの帰国が、ロシアとの戦争に有利に作用すると判断した。レーニンも、帰国することがなによりも革命の利益になると考えた。双方の思惑が一致して、レーニンらはドイツ側が用意した列車に乗りこむ。一九一七年四月一六日にペトログラードに到着し、一〇年ぶりにロシアへ戻ってくることができた。

民衆は「パン、土地、平和」を求めていた。「パン」とは、食糧問題の解決を指す。また「土地」とは、所得格差が広がっていた農民に、土地を平等に分配することを意味する。そして「平和」とは、第一次世界大戦から手を引くことだった。それを与えられない臨時政府に代わり、レーニンはソヴィエトによる権力の樹立を訴え、支持者を徐々に増やしていった。

首都の市民や兵士たちに支持されたボリシェヴィキは、一九一七年一一月七日（ロシア暦では一〇月二五日）に臨時政府の打倒を宣言する。翌早朝までに、臨時政府の閣僚がたてこもっていた冬宮（現エルミタージュ博物館）を占領した。レーニンは、自らを人民委員会議議長とする、共産主義を掲げた史上初の政権を樹立した。いわゆる一〇月革命である。本書では、このボリシェヴィキの政権をソヴィエト政府と呼ぶ。

レーニンは、民衆の求める「平和」を得ようと、第一次世界大戦の全交戦国に、双方が領土の併合や賠償金を課すことのない即時講和を提案したが、各国は無視した。

ドイツとソヴィエト政府の単独講和

そんななか、ドイツは革命で混乱するロシアへ攻勢に出た。迎え撃つロシア軍は、革命によってますます軍の崩壊が進んでおり、防げない。そこでボリシェヴィキは、ドイツに単独講和を申し入れた。交渉は一九一七年一二月二二日に開始される。

優位に立つドイツは、レーニンの掲げた無併合、無賠償での講和を認めず、領土の割譲を迫る。それでも、何より戦争を終えることを優先するレーニンは、ドイツの出した条件にもとづいて、ただちに講和するよう求めた。だが共産党の中枢である中央委員会が領土の大幅な割譲などに反発する。そこで、折衷的なレフ・トロツキー外務人民委員（外相にあたる）の案が採用されて、直接交渉に臨むことになった。

レフ・トロツキー

トロツキーは一八七九年、ウクライナのユダヤ人富農の家に生まれた。一〇代から革命運動に携わり、若くしてシベリア流刑も経験している。革命家として、早くも一九〇五年の第一次ロシア革命で活躍した経歴を持つ。レーニンとは意見の相違から活動をともにしてこなかったが、一九一七年五月に亡命していたアメリカからロシアへ帰国し、ボリシェヴィキに加盟した。以後はレーニンの片腕として、一〇月革命の作戦を立案して成功に導いた。「蜂起《ほうき》を実際に組織するあらゆる仕事は、ペトログラード・ソヴィエト議長トロツキー同志の直接の指導のもとに進行した」と、政敵のヨシフ・スターリンも、一九一八年一一月六日付『プラウダ』で認めざるをえなかった。

ドイツ軍の進撃が続くなか、ドイツ側からボリシェヴィキへ提示された講和案は、ロシア帝国の穀倉地帯だったウクライナの独立承認や、巨額の賠償金支払いなど、厳しい内容だった。だがレーニンの強い要求で受諾が決まる。三月三日、現在はベラルーシ南西部にありポーランドと国境を接する街、ブレストリトフスク（現ブレスト）で講和条約が調印された。その結果、ロシアは広大な領土を失ったが、第一次世界大戦からは離脱することができた。

英仏のロシア干渉の動機

臨時政府の崩壊と、ドイツとソヴィエト政府の講和は、西部戦線で戦う連合国、とりわけ英仏に衝撃を与えた。東部戦線は消滅し、敵国ドイツが西部戦線に全力を投入してくることが予想されたからだ。英仏はソヴィエト政府を倒して、新しいロシアの政権に、東部戦線を再び構築させようと計画する。

また英仏は、ロシアの北部にある港、ムルマンスクやアルハンゲリスクで荷揚げされている軍需物資が、ボリシェヴィキの手から敵国ドイツに渡るのを恐れた。それらは同盟国だったロシアに、英仏などが援助物資として送ったものだった。

そこで、まずは貨物を差し押さえようと、出兵が計画される。早くも一九一八年三月には、イギリス軍一三〇名がロシア北方の不凍港、ムルマンスクに上陸した。ロシアへの干渉の始まりである。

さらに、ロシアの東部でも、日本海に臨む港町、ウラジオストクに積み上げられている貨物を確保することが急がれた。沿海州南部のウラジオストクは一八六〇年に開かれ、軍港と商港を兼ねていた。一八九一年からは、ロシアを横断するシベリア鉄道の東側の起点ともなっている。欧米人や日本人など、移民の多い国際都市である。当時の港には、連合国がロシアへ供給した武器弾薬が山となっていた。第一次世界大戦や革命の混乱により、シベリア鉄道が混乱し、西の戦線へと運ぶ貨車が足りず、港でそれらが野ざらしになっていたためだ。

そのウラジオストクへの出兵で白羽の矢が立ったのが、アメリカと日本であった。

アメリカは、第一次世界大戦の勃発に際しては、「中立」を宣言した。わざわざ海の向こうのヨーロッパの戦争に参加することに、多くのアメリカ人は否定的だった。アメリカは中立に立つ一方、戦争の生み出す巨大な特需で、繁栄を謳歌《おうか》していた。

しかし一九一七年二月に、ドイツが中立国の商船も無制限に潜水艦で攻撃する作戦を再開し、アメリカの船舶にも被害が増えていく。さらにドイツが、アメリカの隣国メキシコに対米戦時同盟を持ちかけていることも、イギリスから知らされる（ツィンメルマン電報事件）。

アメリカの世論はドイツ嫌悪へと傾き、ウッドロー・ウィルソン大統領は、「民主主義のために世界を安全にする戦い」という大義名分を掲げ、一九一七年四月六日にドイツへ宣戦布告した。

このようにアメリカは大戦に遅れて参戦したので、国力に余裕があると見なされていた。日本も連合国の一員として参戦していたが、前述の通り、目立った戦闘といえばドイツの植民地だった中国の青島を占領したのみだった。

日本とアメリカへの出兵の誘い

シベリアへの出兵を促そうと、英仏は日米両国の説得に動く。太平洋の二大国がウラジオストクの軍需物資を接収し、シベリア鉄道沿いにも出兵して、鉄道輸送を管理するのが最善、というのが彼らの主張である。

説得は、パリで開かれた連合国最高軍事会議で始まった。フランスのジョルジュ・クレマンソー首相は、一九一七年一二月一日に、アメリカからの特使である大統領政治顧問エドワード・ハウス大佐（「大佐」は名誉号で軍歴はない）へ、日本の出兵の必要性を説いて、了解を得ようとした。しかし、武力干渉によって東部戦線を再建するのは不可能であると、ハウス大佐は反対した。

一二月三日には、フランス陸軍のフェルディナン・フォッシュ参謀総長が、反革命派への物資補給ルートを確保するために、日米両軍がシベリア鉄道を共同で占領する必要を説いた覚書を、同会議に提出する。同席した松井慶四郎《まついけいしろう》駐仏大使、それにハウス大佐はそろって反対した。出兵は事実上、ロシアへの戦争行為にあたる、という理由である。

日英同盟を結ぶイギリスも、日本の説得に動き始める。一九一八年一月一日、ロバート・セシル外務次官は珍田捨巳《ちんだすてみ》駐英大使を口説いた。ウラジオストクに滞った貨物を、ボリシェヴィキがドイツに渡すという噂がある。そのような動きを止めるため、日本を中軸とする国際部隊を派遣してはどうか。だが珍田大使も、この提案に乗らなかった。本野一郎《もとのいちろう》外相も、一月五日にウィリアム・グリーン駐日イギリス大使へ、出兵は時期尚早であると返答している。

アメリカの出兵拒否

英仏による日米の説得は失敗した。しかし、この要請は日米両国の政界で大きな議論をまきおこすことになる。まずはアメリカを見てみよう。

ロシア帝国が倒れた二月革命を、ウィルソン大統領は帝政から民主政への移行として歓迎した。しかし、一〇月革命によりソヴィエト政府が樹立され、英仏がロシアへの干渉を持ちかけてくると、大統領の考えは揺れた。

ウィルソンは、外交的な「孤立主義」を掲げた歴代の大統領とは違い、「民主主義の輪出」に価値を置く。その裏返しとして、「民主的ではない」国への内政干渉を辞さなかった。革命とはいうものの、武力で政権を奪取したソヴィエト政府は、まさにそうした国家にあたる。

しかし内政干渉では、すでに苦い経験がある。ウィルソンは、メキシコで革命の混乱のあとに成立した政権が「非民主的」だとして承認せず、一九一四年には派兵を強行したものの、反革命政権もアメリカの思い通りにはならず、かえってメキシコの政情を混乱させた。何より、一九一八年一月に発表した「一四ヵ条の平和原則」で、「すべてのロシア領土からの撤退」を、彼自身が世界に呼びかけてもいた。

アメリカの外務大臣にあたる、ロバート・ランシング国務長官も反対だった。一九一七年一二月二七日に、佐藤愛麿《さとうあいまろ》駐米大使と会談した際には、外国が干渉すれば、かえって、ロシア国民をボリシェヴィキのもとに統一させる結果に終わることは疑いない、と述べている。最終的に、大統領は英仏からの出兵の呼びかけを拒否した。

「ロシア国民は自分たちの問題を、外部からの干渉なしに解決しなければならない。ヨーロッパは「一七八九年の」フランス革命に干渉を試みることによって、重大な誤りを犯した」。ウィルソンは「一四ヵ条の平和原則」で掲げた、ある民族が干渉を受けることなく、主体的にその帰属や政治組織を決定する「民族自決」の権利を、ロシア人にもあてはめて考えた(『ロシア革命と日本』)。

そこで一九一八年三月七日には、駐日アメリカ大使館を通じて、いまロシアに干渉するのは得策か疑わしい、というアメリカ政府の覚書が日本政府に送られた。

2　派兵か、自重か——揺れる政界と世論

山県有朋の反対

当時の日本にとって、ロシア革命は対岸の火事ではない。日露戦争後に植民地としていた南サハリンや朝鮮半島とは、陸続きで起きた革命だった。また、南満洲を勢力圏とする日本にとって、ロシアの勢力圏である北満洲も隣接する地域だった。それだけに、ロシア革命にどのような方針で臨むのかは、当時の為政者にとって、切実な安全保障問題だった。

英仏の要請に応じ、シベリアへ出兵するか。アメリカの自重に歩調を合わせるのか。その決定には、元老の見解が左右する。元老とは明治維新の功労者から抜擢《ばってき》される、明治憲法（大日本帝国憲法）には規定のない、天皇の相談役である。彼らは次期首相を天皇に推薦（奏薦）するなど、絶大な権力を有した。なかでも元老筆頭と目され、明治憲法下で天皇の最高諮問《しもん》機関であった枢密院議長の、山県有朋《やまがたありとも》陸軍元帥の意見が出兵を左右する。

「憲政の神様」と言われた政治家の尾崎行雄《おざきゆきお》が、この頃の山県の発言を記録している。「およそ刀を抜くときには、まずどうして鞘《さや》におさめるか、それを考えた後でなければ、決

3人の元老たち　右から山県有朋，松方正義，西園寺公望．なかでも山県（1838～1922）は，シベリア出兵の時期，元老筆頭として，出身の陸軍だけでなく政界でも絶大な権力を保持していた

して柄《つか》に手をかけるものではない。いまシベリヤ《ママ》に出動するとして、どうして撤兵するのか、その案が立っているかと言って、大そう強く反対された」（『日本憲政史を語る』）。いかにも、幕末の剣戟《けんげき》をくぐってきた山県らしい。

　実際は、山県は出兵にあくまで反対だったわけではない。山県にとっての理想は、中国・アメリカ・イギリスとの共同出兵である。まずは中国と提携して、中国軍を北満洲に出兵させる。その上で日本軍も出動し、講和したドイツとロシアの両国が、その勢力をアジアへ伸ばしてくるのを防ぐべきだと、一九一八年一月の「対支《たいし》意見書」で論じた。

　さらに三月一五日付の「時局意見」では、日本単独での出兵は、外債による軍費の調達や軍需品の供給が困難であるし、米英との連携なしには出兵すべきではない、と唱える。ただし、連携が困難な場合は、好機があればたとえ単独であっても出兵すべき、とも付け加えた（『山県有朋意見書』）。

寺内首相も消極的

当時の法制上、軍事にかかわる財政措置を講ずるのは政府の仕事だった。それゆえ海外への出兵は、元老に劣らず、首相の意見も重要となる。それでは、当時の首相はどう考えていたのか。

同じく長州出身の山県の後押しを受けて、一九一六年に組閣した寺内正毅《てらうちまさたけ》陸軍元帥も、出兵に消極的だった。逓信《ていしん》大臣の田健治郎《でんけんじろう》が、出兵を求める意見書を提出したときも、寺内首相は「未《いま》だ其《そ》の機《き》達せず」と意見書を却下した（『田健治郎日記』一九一八年一月一〇日）。

寺内正毅（1852〜1919）　長州出身．1902年第１次桂太郎内閣で陸相に就任．日露戦争の勝利に貢献．10年に初代朝鮮総督，16年に山県有朋の後押しにより首相就任．18年８月シベリア出兵を宣言するも，米騒動の責任をとり翌９月総辞職

後述するが、この数日前に寺内はウラジオストクへの戦艦派遣を決定している。しかし、それに続けて陸軍の出兵まで強行するつもりはない。寺内は、日本から手を出すといろいろと面倒なことが起こるので、ロシア人に働かせて、もし彼らが独立すれば内々に援助すればよい、と立憲政友会

（以下、政友会）総裁の原敬《はらたかし》に語っている。

また寺内は、ドイツか、ドイツとロシアの連合軍が東へ進攻した場合には「断乎《だんこ》として出兵の必要がある」と考えていたが、大義名分の立たない現在は、「戦局に深入りすることは上下ともに望まない」と三月中旬の閣議でも述べた（『外務省の百年』上巻）。

ちなみに、寺内に却下された田遜相の意見書の内容は明らかではないが、三月に山県に説いた内容から推測できる。すなわち、日本がロシアの東部を占領し、中国と提携すれば、大戦後に世界の覇者となるのがイギリスであろうがドイツであろうが、彼らは提携を求めてくる。バイカル湖以西に出兵する必要はないものの、二〇万から、三〇万の派兵をするというものだ。その意見を聞いた山県は、イギリスの言うように出兵したら、出兵は三年に及び、兵はのべ一〇〇万も必要になる、と相手にしなかった。

山県の意向もあって、アメリカ政府への三月一九日への返答は、出兵は連合国の「全体の協調」を待つ、という穏便なものとなった。

本野外相の出兵論

出兵に慎重な山県、寺内という長州閥の両巨頭を動かすため、推進派は働きかけを強める。寺内内閣には田遜相のほかにも、熱心な出兵推進派がいた。外務大臣の本野一郎である。本野外相は、一九〇六年から一〇年間も駐ロシア公使と大使を務めた、日本でも指折りのロシ

1917年末の東アジア

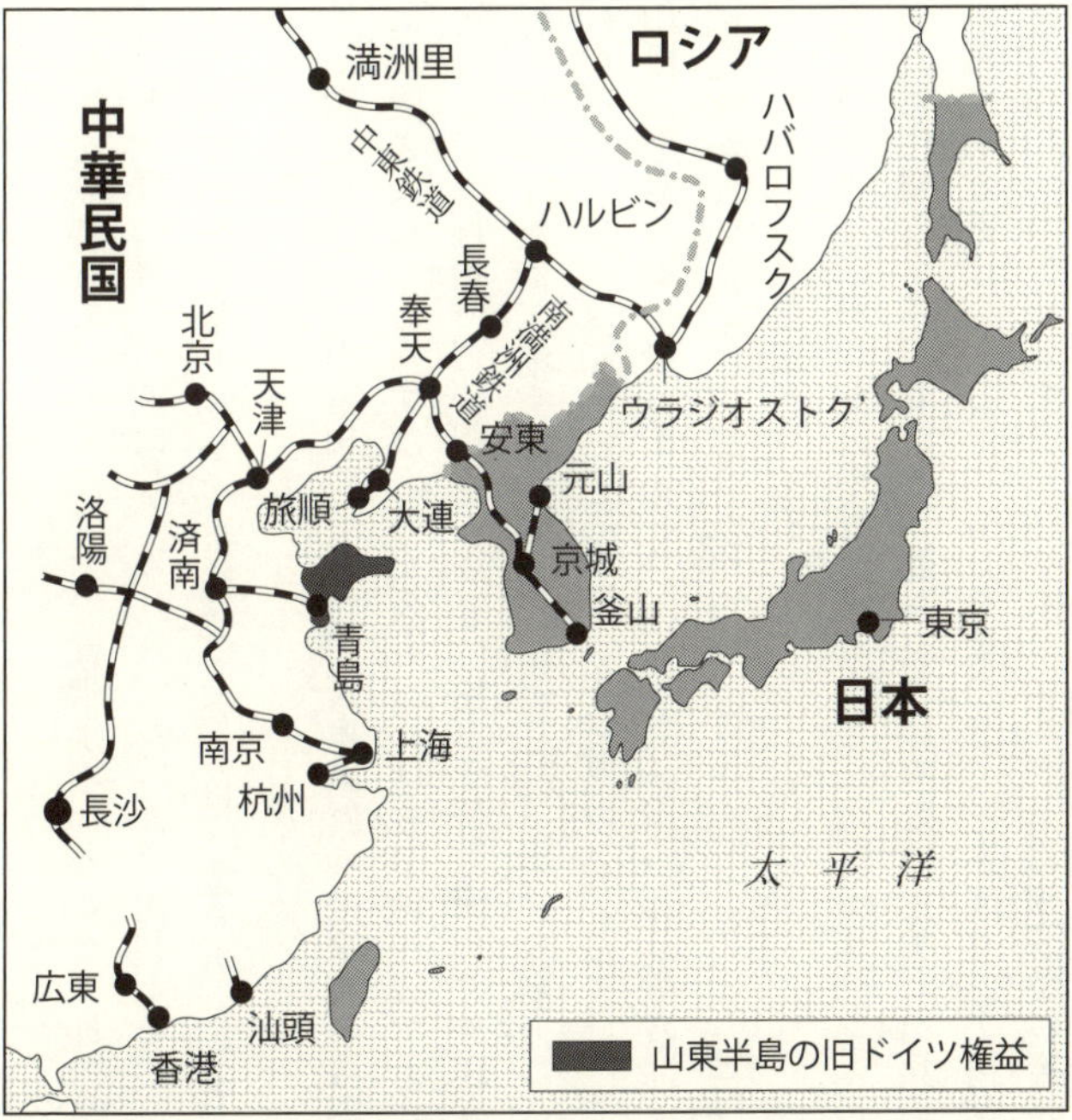

出典：北岡伸一『さかのぼり日本史 3 大正・明治 帝国外交の光と影』（NHK出版，2012年）を基に筆者作成

ア通であった。

のちに首相となる芦《あし》田《だ》均《ひとし》は、外交官補としてロシア大使時代の本野に仕えた。本野は一九一六年に第四回日露協約を推進したとき、常々こう言っていたという。「来《きた》るべき平和会議こそ日本が列強の伍伴《ごはん》「仲間」に加わるか否かの岐路であるが、その席上で有力な発言権を握ろうと思えば、積極的に武力を以《もっ》て協商側に援助を与えることが必要である」（『革

命前夜のロシア』)。

大戦後を見越して、英仏に武力で貢献することこそ、日本が列強の地位を獲得するのに必要だ、と本野は言う。彼にしてみれば、シベリア出兵もその一方策だったのだろう。

本野外相の出兵論が初めて披露されたのは、臨時外交調査委員会(以下、外交調査会)においてである。

外交調査会は、寺内首相のもとで、天皇直属の外交審議機関として、一九一七年六月に宮中に設置された。目指すは、外交政策における挙国一致である。

総裁は寺内首相で、陸相の大島健一《おおしまけんいち》陸軍中将、海相の加藤友三郎《ともさぶろう》海軍大将、後藤新平《ごとうしんぺい》内相、本野外相のほかに、枢密顧問官から牧野伸顕《まきののぶあき》(大久保利通《おおくぼとしみち》の次男、元外相)、伊東巳代治《いとうみよじ》(枢密院の重鎮、元農商務相)、平田東助《とうすけ》(山県有朋の側近の官僚、元内相)らが委員に招かれた。

さらに、主要政党の党首として、政友会の原や、立憲国民党総理の犬養毅《いぬかいつよし》も招かれた。議会に基盤がないために、「非立憲《ひりっけん》」にかけて「ビリケン」と呼ばれた寺内が、政党の支持を取り込もうとした意図が見える。

一九一七年一二月一七日の外交調査会で、本野はフランスから出兵の提案があったことを委員たちに報告する。しかし、委員たちはみな慎重で、出兵を言い出す者はいなかった。

それでも本野は、一二月二七日の委員会で、まずロシア情勢がドイツに左右されていることを指摘した。その上で、ウラジオストクにある軍需品の接収や、ドイツのシベリア進出を妨げるという目的で出兵が必要ではないか、と委員たちに問うた。

だが、前回欠席した原敬が真っ向から反論する。兵士一人を出しても将来、大戦のきっかけとなる可能性がある。ロシアが日本の出兵を戦争行為だと認めれば、どんなに弁解しても意味はなく、即時開戦になると反対した。ほかの委員もそれになびいて、本野の意見は取り上げられなかった。

それでも出兵を求める本野外相

しかし出兵をあきらめられない本野外相は、外務省の木村鋭市《きむらえいいち》政務局第二課参事官に、「西比利亜《シベリア》出兵問題に関する意見」を起草させる。それを寺内首相だけでなく、山県有朋と松方正義《まつかたまさよし》内大臣（薩摩《さつま》出身）の両元老へも送り、閣議決定を迫った。

一九一八年四月一二日の閣議では、病身の本野外相が不在なまま、その意見書が討議された。意見書は、ドイツが東へ進出してくることを防ぎ、「帝国の自衛」のため、すみやかに出兵することを求めていた。

大戦に勝利したドイツがアジアへも進出してくるというのは、いまとなれば妄想と片付けられよう。しかし本野の意見書は、ドイツがソヴィエト政府と講和して、西部戦線でも勝利する可能性も残されているなかで執筆されたのを考慮すべきだ。ロシアと講和したドイツは西部戦線に全力を注ぎ、三月二一日から連合国に最後の決戦を挑んでいた。動揺したウィルソン大統領も三月末には、ロシアへ出兵して、ドイツを再び東から牽制《けんせい》する案に理解を示すほどだった。

本野の意見書に、陸海軍の大臣たちは賛成する。大島陸相は、シベリアを日露の緩衝地帯とするだけではなく、ロシアを助ける功績をあげたいと述べた。加藤海相は、日本の出兵に賛成するイギリス・フランス・イタリアと「協議一致」すれば、反対しているアメリカも意見を変えるのではないか、と楽観的な見通しを語る。だが仲小路廉《なかしょうじれん》農商務相は、出兵してもアメリカの支持なしに日本は戦闘力を維持できるのか、と陸海軍の大臣たちに疑問をぶつける。

最終的に閣議では、「亜細亜《アジア》大陸治安維持」と「帝国自衛」を目的に、シベリア東部への出兵が必要なことは確認された。

しかし、本野の意見書は再審議となった。閣僚は、連合国、特にアメリカから出兵の賛同を得ることを求めた。病欠した寺内首相は田遞相と会談して、「米国の同意得難《えがた》きに在《あ》り」、出兵は不可能であると語る(『田健治郎日記』一九一八年四月二三日)。

外相辞任の裏に元老あり

意見書が容れられなかった本野は、四月二三日に外相を辞任する(同年九月一七日に病死)。辞任は病気が理由とされたが、その裏では、出兵に慎重な元老たちの意向が影響したと見られる。山県有朋は、この二日後に親しい茶人へ胸の内を語った。

日本が西伯利亜《シベリア》に出兵するとすれば、結局独逸《ドイツ》を相手取らざる可《べ》からず。されば次第に依《よ》りては、戦線を拡張して、深く露国《ろこく》［ロシア］に侵入するの必要を感ずるの時あるべく、斯《か》くて大兵を遠方に送らんとすれば、文明戦争の利器たる飛行機、自動車、其他《そのた》鉄砲、糧食等の用意を為《な》さざる可からず。而《しか》して此《この》戦争が仮に三年間も続くものと計算して、日本は果たして能《よ》く之《これ》に堪《た》うべきや否や。米国は、果たして日本に必要なる軍需品を提供し呉《く》れべきや。又《また》一年に数十億を要する其軍事費を何《いず》れに取るや。

（『万象録』一九一八年四月二四日）

すでに述べた通り、本野外相の意見書は、ドイツの勢力が東にも及ぶので、自衛のため日本が単独でも出兵することを説いていた。では、シベリアでドイツと戦って勝てるのか。山県は、それには日本の戦備は不十分だと自覚していた。特に飛行機や自動車など、大戦中のヨーロッパで活躍する新兵器に不安を覚えている。軍人として冷静に戦力の差を計算すると、本野には同調できなかった。

また本野の意見書のように、「帝国の自衛」という、日本の国益のみにこだわるような大義名分では、国内外の世論を納得させるには不十分だというのが、元老たちの一致した考えである。

山県は、二月三日に寺内首相に宛てた手紙で、大義名分が正しければこそ、人びとは奮《ふる》い立ち、多数の敵に立ち向かえるのだと説いている（『寺内正毅内閣関係史料』下巻）。

公家出身の元老、西園寺公望《さいおんじきんもち》も、五月三日に山県へ宛てた手紙で、出兵の理由は後世の人びとをも納得させるほどでなければならないと書く。その上で、まずは連合国に出兵を任せて、声援を送るぐらいにしておき、国内世論を盛り上げるよう説いた（『山県有朋関係文書』第二巻）。

「出兵九博士」の賛成論

政府内と同じく、国内の世論もまた、出兵をめぐって賛否両論で割れた。

一九一八年四月には、出兵促進のパンフレット『出兵論』が緊急出版されている。『出兵論』には、大学教授をはじめ、博士号を持つ有識者が寄稿した。彼らは「出兵九博士」と呼ばれる。

このパンフレットは、ドイツとオーストリアの勢力が極東にも波及しつつあるという、「独墺東漸論《どくおうとうぜんろん》」を論拠としていた。ロシアがドイツとオーストリアの両国（独墺）と講和したことで、極東にも両国の勢力が伸びてくるというのは、「出兵九博士」に限らず、本野外相や山県有朋も信じており、当時としては荒唐無稽《こうとうむけい》ではなかった。だが出兵後については、執筆者が思い描くところはみな異なる。

もっとも過激だったのは、衆議院議員の戸水寛人《とみずひろんど》である。彼は日露戦争の際にも、開戦を訴える「七博士意見書」に名をつらね、主戦論を唱導した。日露戦争の開戦後は、バイカル湖以東のシベリア占領を主張して、「バイカル博士」の異名をとった筋金入りの対ロシア強硬論者である。戸水は今回も、「領土的野心なくして西伯利亜に出兵するなんと云《い》う事は実に無意味」と、シベリア領有の夢を再び掲げる。

しかし同じ論集でも、学習院教授の志田鉀太郎《しだこうたろう》は異なる。日本は領土上の野心は抱いていない、ロシアが復興すればただちに撤兵を断行する、と論じる。要するに、「出兵九博士」は先に出兵ありきで、その先のヴィジョンを共有していなかった。

与謝野晶子の「予言」

それに対して、出兵後を見通したものとして注目されるのが、歌人の与謝野晶子《よさのあきこ》である。晶子は、イギリスやフランスは「独逸《ドイツ》勢力の東漸を法外に誇大」して日本に伝えるが、「日本人はそれを軽信してはならないと思います」と戒めている。彼女によれば、そもそも、ドイツの脅威を防ぐために出兵するというのは大義名分にならないという。「私たち国民は決してこのような『積極的自衛策』の口実に眩惑《げんわく》されてはなりません」と諭《さと》す。

さらに晶子は、シベリア出兵の末路も「予言」した。

無意義な出兵のために、露人《ろじん》［ロシア人］を初め米国から（後には英仏からも）日本の領土的野心を猜疑《さいぎ》され、嫉視《しっし》され、その上数年にわたって撤兵することが出来ずに、戦費のために再び莫大《ばくだい》の外債を負い、戦後にわたって今に幾倍する国内の生活難を激成《げきせい》するならば、積極的自衛策どころか、かえって国民を自滅の危殆《きたい》に陥《おちい》らしめる結果となるでしょう。

（「何故《なにゆえ》の出兵か」『横浜貿易新報』一九一八年三月一七日付、『与謝野晶子評論集』所収）

晶子は一九一二年に、パリに住む夫の鉄幹《てっかん》に会うため、シベリア鉄道でロシアを横断したことがある。シベリアの広大さを、彼女は身にしみて知っていた。さらに晶子の平和思想は、経済学者の福田徳三《とくぞう》慶応大学教授の影響を受けていた。のちに彼女は、シベリア出兵に反対する東京帝国大学教授の吉野作造《よしのさくぞう》と福田が創立した、「黎明会《れいめいかい》」に参加している。「私は出兵に対してあくまでも反対しようと思っております」と書いた彼女は、その後も撤兵を求める運動に従事することになる。

反対派の論客たち

雑誌を通じて出兵反対の論陣を張ったのが、『東方時論』の中野正剛《なかのせいごう》と、『東洋経済新報』

の石橋湛山《いしばしたんざん》（のち首相）、『中央公論』の吉野作造であった。

中野は一九一七年秋から、「外国に頼まれての出兵沙汰《ざた》の如《ごと》き、最も禁物《きんもつ》なるを忘るべからず」と主張する。出兵が近づくと、「これまで露国に対して与えたる好意的援助を継続し、須《すべか》らく露国の現勢を支配するレイニン《ママ》政府を承認すべし」と主張し、「愚劣なる西伯利亜出兵論者」を非難した。中野は一九二〇年に衆議院議員に当選すると、出兵反対を掲げて議会でも政府を追及した（「大正期民本主義者の国際認識」）。

一方、石橋はロシア革命を明治維新にたとえて、出兵を批判した。すなわち、日本人のなかにはレーニンらを「浮浪人《ふろうにん》の集合」のように考えている人もいるが、こうした考えは「明治維新の際、京都や、江戸に浮浪の徒《と》が横行したと云う事実を以て、木戸、大久保、西郷等も亦《また》浮浪人と断ずるに等しい」。そして、ロシアの「反革命党を援《たす》け、或《あるい》は革命党を圧迫するのは、恰《あた》かも明治維新の際、幕府を援け、討幕党を圧迫するのと異《こと》ならない」（同前）。

当時は、自由な言論が許されていた時代ではない。新聞、雑誌は内務省や警察の検閲を受けた。ただし、石橋はこう回想している。「『東洋経済』が実業界に読まれる特殊の雑誌だというこことで、警視庁などでも大目に見た。ずいぶんきわどいこと、たとえばシベリア出兵反対論などを書いても、小言を言われなかった」（『湛山座談』）。

大正デモクラシーという、自由主義的な風潮をリードした雑誌『中央公論』には、論壇の寵児《ちょうじ》であった吉野作造が一文を寄せた。一九一八年四月号の「所謂《いわゆる》出兵論に何の合理的根拠ありや」は、自分は「必ずしも絶対的出兵反対論者ではない」という弁明が利いたのか、数々の出兵論を論破する痛烈なものだったが、検閲での処分を免れている。実際に吉野は、石橋などと違い、ウラジオストクへの派兵ならば容認する意見であったのも幸いしたのだろう。

一連の反対論に、新聞や雑誌に目を光らせる後藤新平内務大臣のみならず、元老の山県も、言論を取り締まる必要性を感じていた。これが、出兵をひかえた一九一八年夏に、マスメディアが締め上げられる背景となったと思われる。

後藤新平外相の出兵支持

本野の後任の外相には、後藤新平が就任した。

新外相の後藤も、ロシア帝国の上流階級とは親交が深い。一九〇六年に設立された満鉄の初代総裁を務めたときから、ロシアの政治家たちと交流を深めた。一九〇九年に伊藤博文《いとうひろぶみ》とロシアのウラジーミル・ココフツォフ大蔵大臣の、ハルビンにおける会見を設定したのも彼である(結果は伊藤の暗殺に終わる)。

前任者の本野と同じく、後藤もロシア帝国に郷愁があるため、ロシア革命には共感せず、旧支配層を助けるために出兵を主張したと言われる。だが両名とも、過去にとらわれた感情論ばかりで出兵を唱えたわけではない。本野と後藤の両外相の出兵論は、今後の日本の国益を優先した上での提言である。本野と同じく、大戦後の講和会議での発言権を大きくするため、後藤も出兵を望んでいた。

さらに後藤は一九一八年五月の意見書で、革命政権の基礎は弱体であり、ロシアには連合国の出兵をひそかに待っている者が大勢いると記している。彼ら「穏健派」を支えることが、日本とロシアの提携につながる、というのが彼の考えだ。

外相に就任した当初は、英仏伊に出兵の意欲をアピールした後藤だが、気がかりなのは、やはりアメリカである。六月七日にイギリス政府は、出兵の覚悟を問う覚書を、珍田駐英大使に渡す。後藤は、アメリカの決定を待つことが大局のためにも得策であると、六月二一日に珍田大使を通じてイギリス政府に回答した。

ソヴィエト政府による日米出兵阻止

日米の動向が世界で注目されるなか、モスクワのソヴィエト政府は、両国の出兵を未然に防ごうと働きかけを強める。

モスクワがとった対策は二つある。第一に、日本と同じく「帝国主義国」ではあるが、革命政権により好意的と思われたアメリカと手を結び、日本の行動を抑制しようと試みたことである。

アメリカとの協調戦略を唱えたのは、トロツキーである。ドイツと講和した翌日の一九一八年三月四日、レーニンはトロツキーとともにアメリカのレイモンド・ロビンス在露赤十字使節代表と会談し、米英仏の政府からの援助が確保されれば、ソヴィエト政府はドイツとの講和条約を反故《ほご》にする、と明記した文書に調印したという。

同年五月には、レーニンも「帝国主義諸国間の矛盾の利用」を提案している。そこでは、西部戦線におけるドイツとイギリスの間の闘争の激化と、太平洋岸における日本とアメリカの対立が、革命政権の国際的地位を決定しているとまで述べた。アメリカと日本の仲を裂く。これが基本方針だった。

出兵を防ぐための第二の方策は、日本に好餌《こうじ》をちらつかせることだった。一九一八年六月一四日には、外務人民委員部(外務省にあたる)アジア課長のアルセーニ・ヴォズネセンスキーが、ペトログラードで日本大使館の上田仙太郎《うえだせんたろう》書記官に接触する。上田が直接レーニンらに、日本が出兵しないことを宣言してくれれば、その代償として、中東鉄道の路線や松花《ソンホワ》江《チアン》の航行権など、ロシア帝国が日本に譲渡を約束した満蒙の利権を譲ることはもちろん、サハリン州(サハリン島の北半分とアムール河の河口域)や沿海州でも、利権を提供すると表明した(「対ソ政策の推移と満蒙問題」)。

さらに、ヴォズネセンスキーは六月一九日にも、熊崎恭《くまさききょう》モスクワ総領事に、日本への公使派遣の希望や、シベリアにおける利権供与などを申し出る。

しかし、東京の後藤外相は取引に応じなかった。六月二七日の熊崎総領事への返電では、公使の受け入れや条約の締結の前に、新政権を承認しなければならないが、日本単独では決められない、と断っている。直接交渉に入るのをはぐらかすものだった。

3　陸海軍の現地工作

海軍とシベリア出兵

こうした論争や外交交渉の背後で、すでに日本のロシアへの干渉は始まっていた。以下では時間をさかのぼり、陸海軍が火をつけた、出兵前の前哨戦を見てみよう。

まず日本海軍が出動したのが、沿海州南部の港町、ウラジオストクである。この街では、一九一七年一一月二九日に、ソヴィエトが市内の全権力の掌握を宣言した。その翌日に菊池《きくち》義郎《ぎろう》ウラジオストク総領事は、日本の軍艦の出動を要請した。

日本海軍は、在外公館から要請があれば、海外に住む日本人を保護することを義務づけられていた。海軍は、ウラジオストクへも軍艦を派遣し、場合によっては陸戦隊を上陸させることを検討する。一九一七年一二月には、参謀本部と海軍軍令部の間で、ウラジオストク方面での共同作戦の計画が練られた。

とはいえ海軍も、単に在外日本人の保護だけを想定していたわけではない。一九一八年二月下旬に、海軍軍令部第一課長の清河純一《きよかわじゅんいち》海軍大佐が提出した、シベリア出兵を求める意見書がその好例だろう。日本はドイツの東進とロシア国内の騒乱を黙視できないし、海軍の仮想敵国アメリカが沿海州付近を根拠地にすると、満洲、モンゴル方面へと南下して、日本の利権は脅威にさらされる、と清河大佐は記した。

アメリカ海軍はすでに動き出していた。自国のウラジオストク領事の要請により、アメリカ政府は巡洋艦「ブルックリン」を派遣している。同艦は、一九一七年一一月二三日にウラジオストクに入港して、ボリシェヴィキを監視する。ただ、干渉を心配するウィルソン大統領の意向もあり、一二月一一日にはフィリピンのマニラに帰還させられた。

より日本を刺激したのは、イギリスの動きである。一九一七年一二月三一日、ウラジオストク駐在の連合国領事団は、連合国に軍艦派遣を要請する決議を採択した。その翌日、イギリスの戦時内閣は、ウラジオストクの軍需物資を確保するため、イギリス領の香港から巡洋艦「サフォーク」を派遣すると決定した。

イギリスが迅速に対応したのは、なかなか腰を上げない日本を揺さぶるためだったとも言われる。実際、一月三日にイギリスから海軍出動を通告されると、寺内首相は挑発と受け取った。そこで寺内首相は、イギリスよりも先に、日本の軍艦をウラジオストクに入港させるよう主張する。海軍は大急ぎで準備に入った。

ウラジオストクへの軍艦派遣

海軍は、戦艦「朝日《あさひ》」と「石見《いわみ》」を主力とする第五戦隊を新たに編成し、司令官に加藤寛治《ひろはる》海軍少将を任命した。加藤はロシアで駐在武官を務めた経験があり、海軍きってのロシア通として知られていた。

一九一八年一月九日、まず加藤司令官を乗せた戦艦「石見」が広島県の呉《くれ》を出港し、三日後にウラジオストクに入港した。イギリス艦より二日早い入港だった。

アメリカのジョセファス・ダニエルズ海軍長官も、日英両軍のウラジオストク上陸を阻もうと動く。三月一日にアメリカの巡洋艦「ブルックリン」をウラジオストクに再入港させた。四月一七日には、現地の中国人たちの要請を受けて、中国の巡洋艦「海容《ハイロン》」も彼らを保護するために入港した。ウラジオストクの金角湾には、各国の艦船がひしめき、牽制し合う。

艦隊の派遣は、加藤友三郎海相と本野外相によって閣議に報告されたが、あくまでも「居留民保護」のためと説明された（『田健治郎日記』一九一八年一月九日）。本野外相も、「自国民保護」のためである、とウラジオストクの菊池総領事に一月九日に訓令した。

だが、一月六日に加藤海相が、加藤司令官へ口頭で与えた訓示は異なる。「我勢威《わがせいい》を示し過激派を威圧」し、無言の圧力をかけ、ウラジオストクの秩序維持や日本の利権擁護に努めるようにも命じていたからだ。あえて口頭での訓示にしたのは、めまぐるしく変わる状況に対処するため、加藤海相が現地に裁量の余地を持たせるためだった、と第五戦隊参謀だった藤田尚徳《ふじたひさのり》がのちに証言している（『男爵大角岑生《おおすみみねお》伝』）。

なお艦隊の派遣は、首相が上奏して天皇の許可を得る、という日露戦争のような海外派兵の慣例は取られていない。あくまで「居留民保護」を目的としていたためであろう。そのため、艦隊の派遣はシベリア出兵の本格的な始まりを告げるものではない。

だが、軍艦が他国の港に無通告で入港すること自体が、主権の侵害にほかならない。実際、ウラジオストクの官民のみならず、モスクワのソヴィエト政府も脅威を感じ、日本側に説明を求めた。ブレストリトフスクで交渉中だったトロツキーは、「日本は極東において情況に極度の紛糾をもち込んでいる。この紛糾は必ずロシアの利益だけでなく、他の諸国、特にアメリカの利益にマイナスに影響する」と外交官のゲオルギー・チチェーリンに伝え、アメリカに知らせて日本を牽制しようとした（『ソヴェト国家形成期の研究』）。

海軍陸戦隊の上陸

一九一八年三月末、ウラジオストクでボリシェヴィキの活動が活発化すると、港内で待機する加藤司令官は、「武力威圧の下に穏和派を幇助《ほうじょ》」する必要を東京へ強く進言する。要するに、手持ちの海軍陸戦隊を上陸させて、ロシア人の反革命政権の樹立を狙った。しかし政府や軍部の首脳は、特にアメリカの出方を懸念して慎重であった。

上陸を焦る加藤司令官にとって、都合のよい事件が起きた。四月四日、ウラジオストクで日本人が経営する貿易会社、石戸商会が何者かに襲われ、店主の石戸義一ほか日本人三名が殺傷される事件が発生したのである。

加藤はこの日、日誌に記す。「石戸事件には、午後領事館に坂部《さかべ》等と会議し、独断上陸せしむることに決す。今日は大分《だいぶ》考えたり但《ただ》し他に良法なし」（『続・現代史資料 海軍』）。

文中にある「坂部」とは、ウラジオストクに派遣されていた、参謀本部第二部でロシア班長を務める坂部十寸穂《ますお》陸軍中佐である。加藤司令官は、彼や菊池総領事と相談して、事件の翌日に陸戦隊二個中隊（五三三名）を上陸させ、市内を警備させた。午後にはイギリスも、五〇名の陸戦隊を上陸させる。

加藤司令官は四月五日、海軍中央に陸戦隊を上陸させたことを知らせ、さらに戦艦「肥《ひ》前《ぜん》」と駆逐艦の派遣を求めた。だが時期尚早であり、ロシア人を挑発する、と即日却下される。陸戦隊の上陸に寺内首相は激怒しており、すぐに撤兵するよう加藤海相に強く要請した。首相のあずかり知らぬところで、現地軍の暴走が始まったのである。

陸戦隊の上陸を皮切りにウラジオストクを制圧し、ロシア人の「穏和」な政権を作るという、加藤司令官の目論見《もくろみ》は中途で挫折した。この件は、陸軍のみならず、海軍も出兵に積極的だった一例として注目される。

レーニンは、陸戦隊の上陸を伝えるウラジオストクのソヴィエトに対し、次のように返電した。「日本軍はきっと攻撃してくるだろう。これは避けられない。おそらく例外なくすべての同盟国が彼らを支援するだろう」。そして、ウラジオストクに貯蔵している物資や鉄道の資材を引き揚げて、バイカル湖東のザバイカル州に防衛ラインを敷くように命じた。だが、八月まで日本軍が動きを止めたので、真剣な措置はとられなかったという（「ロシア革命とシベリア出兵」）。

参謀本部の出兵論

出兵に際して、どの組織よりも積極的だったのは陸軍、とりわけ参謀本部だろう。

陸軍の中枢は、陸軍省と参謀本部から成る。

陸軍省は、おもに陸軍の編成と装備を担当する、軍政部門である。その最高責任者は、内閣の一員である陸軍大臣（以下、陸相）だった。海軍では海軍省と海軍大臣（以下、海相）がそれにあたる。

これに対し、参謀本部はおもに陸軍の作戦の立案や用兵を担当する、軍令部門である。明治憲法第一一条は、「天皇は陸海軍を統帥《とうすい》す」と定めている。軍隊に命令を下す指揮権、いわゆる統帥権は天皇大権の一つだった。「軍令」に関して天皇を補佐するのが参謀本部で、陸軍省や内閣ではなく、天皇に直属する。最高責任者は参謀総長で、天皇の委任を受けることで、軍隊を直接指揮する権限が与えられた。海軍では、海軍軍令部がこれに相当する。

出兵開始時の陸軍省を束ねるのは、大島健一陸相だった。同じく陸軍軍人として、のちに日本とナチス・ドイツを提携させた大島浩《ひろし》駐ドイツ大使は、彼の息子である。

大島陸相は、一九一八年一月の時点では、いま日本が取るべき最良の処置はシベリアの「穏健分子」を支援して独立させることで、彼らが要請してくれれば日本軍も出兵するべきだと考えていた。すぐに出兵という意見ではなかった彼も、時が経つにつれ、参謀本部の強硬な意見に引きずられていく。

参謀本部では、参謀総長の上原勇作《うえはらゆうさく》陸軍大将と、参謀次長の田中義一《たなかぎいち》陸軍中将が出兵を推し進めた。都城《みやこのじょう》島津家に仕える武士の家に生まれた上原は野津道貫《のづみちつら》陸軍元帥の娘婿である。西郷隆盛から大山巌《いわお》陸軍元帥、野津へとつらなる、陸軍における薩摩閥の継承者として上原は君臨していた。陸相、教育総監という陸軍の主要なポストを歴任し、一九一五年から参謀総長を務めている。

一方の田中は、山県や寺内に続く、長州閥の次なるリーダーと目されていた。田中は駐在武官として、日露戦争前にロシアに四年間勤務した経験がある。

上原は内心、陸軍を牛耳っている長州閥への反感を秘めていたが、シベリアへの出兵は田中と二人三脚で進めた。ほかにも参謀本部では、ロシアを担当する第一部長の宇垣一成《うがきかずしげ》陸軍少将も、一九一七年一一月にはヨーロッパ・ロシアへの派兵を、翌月にはシベリア鉄道の占領を主張していた。

ロシアで一〇月革命が起こると、出兵計画は具体化してゆく。一九一七年一一月中旬には、出兵の大義名分として海外に住む日本人、すなわち在外日本人（居留民）の保護を掲げた計画が立案される。だが年が明けると、反革命派の政権樹立を後押しして、必要ならば「シベリア独立」を達成しようとする方向に舵《かじ》を切る。

出兵の黒幕としての田中義一

陸軍でシベリア出兵を推し進める中心人物となったのは、田中参謀次長である。田中は、シベリア出兵の利点を四つあげている。

第一に、ロシア人の敵対感情を利用して、ドイツやオーストリアが東へと勢力を伸ばしてくるのを阻止する。第二に、日本の存立にとって重要な、隣国の中国を「包容」、すなわち日本の味方にすることである。出兵に協力させるため、ひいては大戦後にヨーロッパの勢力が中国に戻ってくる前に、味方につけておくことが狙いだった。第三に、連合国に対する「信義」を果たす。つまり、英仏などの要求に応じて出兵する。第四に、豊かなシベリアの天然資源を手に入れるため、現地に親日政権をつくり、「指導」していくための足がかりにすることである。

田中にしてみれば、シベリア出兵は一石四鳥のよい事ずくめである。ヨーロッパ各国が第一次世界大戦に気をとられている間に、大陸でさらに勢力を伸ばすためにも、出兵すべきであった。

慎重な政府内での議論をよそに、陸軍内では動員の計画が着々と練られていた。一九一八年二月二八日には軍事共同委員会が組織される。この委員会には、陸軍省と参謀本部から関連する部（局）課長が集められた。委員長は田中である。

田中が軍事共同委員会を組織したのは、政党が出兵計画の立案に介入してくるのを避けるためだった。出兵の是非を議論する外交調査会には、参謀総長、海軍軍令部長という、統帥部の代表は招かれていない。にもかかわらず、政党を代表する委員として、原敬や犬養毅が出兵計画に口を出す。田中たち軍人には承服しかねた。

陸軍は一九一八年三月に、ほぼ最終的な出兵案をまとめる。それによれば、まず陸軍がバイカル湖よりも東のロシア領と、中東鉄道沿線の重要な場所を占領する。そして、ロシアの「穏和派」を援助し、極東の治安を維持する。このために沿海州に第一軍を、ザバイカル州に第二軍を派遣する。

田中義一（1864〜1929）　長州出身．陸軍大学校を経て日清戦争に従軍．戦後はロシアに留学．日露戦争では満洲軍参謀．参謀次長を経て，1918年原敬内閣で陸相就任．27年に組閣．29年に張作霖爆殺事件の責任をとって総辞職．直後に死去

参謀本部はバイカル湖を進出の限界として、シベリアの東部を掌握しようとしていた。さらに中東鉄道沿線、すなわち北満洲も支配し、占領後は各地で親日政権の樹立を目指すという、田中の構想が反映されたものだ。

日本と中国の軍事協定

田中はもともと日本単独での出兵を考えていたが、一九一八年二月には、中国との共同出兵のほうが日本だけよりも都合がよい、と寺内首相に書簡を送っている。具体的には、欧米各国が注視するウラジオストクからではなく、中国と軍事協定を結ぶことで「北満洲」からシベリアへの出兵を目論んだ。これは、長州閥の領袖《りょうしゅう》である山県の意向を汲んだものだ。

日中の接近の背景には、中国政府が一九一七年八月一四日にドイツに宣戦を布告し、日中両国が同じ陣営で大戦に参加していたことがある。

さらに、寺内首相の私設秘書で実業家の西原亀三《にしはらかめぞう》が、首相および勝田主計《しょうだかずえ》蔵相の意向を受けて、正規の外交ルートによらず、中国政府に一九一七年から多額の資金を供与していたことも有利に働いた（西原借款）。西原もまた、中国政府への援助とシベリア出兵をリンクさせようと、早くから次のように考えていた。

「西伯利亜出兵により欧州勢力の日本海突出を防止し、支那《しな》［中国］の統一と国富開発を実にし、吾帝国の経済立国を確立す可《べ》き」（『西原亀三日記』一九一七年一二月一六日）。

中国政府と日本陸軍が、一九一八年五月一六日に結んだ日華陸軍共同防敵軍事協定は、山県や田中らの構想が実ったものだ。海軍もまた、五月一九日にほぼ同じ内容の協定を結んでいる。中国では反日感情から都市部の知識人を中心に反対運動が起こった。だがこの協定にもとづいて、中国軍もウラジオストクに出兵することになる。

日本と中国政府は作戦領域を分担する。ザバイカル州とアムール州では日本軍が指揮し、中部モンゴルからシベリア東部は中国側が指揮することを、一九一八年九月六日に決めている。

こうして中国と手を結んだことで、たとえアメリカが派兵地域や兵力を限定しても、日本側はザバイカル州への出兵には別の大義名分ができた。

特務機関の誕生

現地でも、大規模な出兵への地ならしが進められた。その目的のため設置されていくのが「特務機関」である。

すでに一九一四年には、鉱山技師に化けた陸軍の軍人がザバイカル州に送られ、情報を参謀本部に送っていた。一九一六年八月には、満鉄沿線を管轄する関東都督府陸軍部（のちの関東軍）が、予備役の軍人をイルクーツクに派遣して諜報《ちょうほう》機関を置いた。

一九一七年二月からは関東都督府陸軍部付という身分で、ハルビンで黒沢準《くろさわひとし》陸軍中佐が各地の諜報員をまとめていた。彼が実質的な初代機関長と見なされている。

ちなみに海軍では、ロシアで駐在武官の経験もある米内光政《よないみつまさ》海軍中佐（のち首相）が、そうした任務にあたっていた。第五戦隊司令部付として海軍軍令部から派遣され、ウラジオストクを拠点に情報を収集する。ハバロフスクやハルビンなどにも海軍の将校が配属され、彼らを米内が統括した。ただし、陸軍に比べれば資金も人手も乏しく、各地の将校たちは米内への連絡にも苦労する有様だった。

参謀本部による現地工作

さらに参謀本部は現地工作を進め、将来の親日政権で擁立する目ぼしい人材も発掘しようと、一九一八年一月に、情報関係を扱う参謀本部第二部長の中島正武《なかじままさたけ》陸軍少将を現地に派遣する。中島は駐ロシア大使館付武官の経験もあり、ロシア通として知られていた。

中島の出発にあたり上原参謀総長は、ドイツの勢力が東に及ぶのを防ぐための防波堤を築き、ロシアの有力者とも接触して「宣伝」するように命じた。田中参謀次長も同席して、寺内首相からは、日本は極東に穏健な自治国家をつくり、借款や武器の供与で援助する、と中島に伝えられた。

中島はまずハルビンに向かった。

ハルビンは満洲の中心部に位置する。中国領内にあるものの、ロシア人によって築かれた街である。シベリア鉄道の短絡線として、満洲を横断する中東鉄道が作られた際に、ロシア人の技師たちが、松花江に沿うこの場所に街を築いた。中東鉄道はロシア人によって経営され、ハルビンをはじめとする沿線の司法、行政、立法もまた、ロシア人たちが支配していた。

中東鉄道の現地責任者は、ドミートリー・ホルヴァート陸軍中将である。工兵出身の老軍人だった。彼は一八五九年に、ロシア帝国下の東ウクライナで、裕福な地主貴族の家に生まれた。軍事工科大学を卒業後、ロシア帝国の各地で鉄道敷設を指揮した。中東鉄道の初代管理局長としてハルビンに赴任したのは一九〇三年である。以後、彼の統治下で繁栄したハルビンは、「幸福なホルヴァート王国」とさえ呼ばれていた。

中国軍によるハルビン占領

レーニンは、一九一七年一二月一日にハルビンのソヴィエトに権力奪取を命じた。ハルビンのボリシェヴィキは、当時二七歳の元教員、マルテミヤン・リューチンが束ねていた。

そもそもロシアの革命は首都の住民の飢餓が大きな要因だったが、食糧不足は一〇月革命でも解決されるどころか、その後も深刻化していた。そこでレーニンが目をつけたのが、穀倉地帯の満洲であり、ハルビンであった。

リューチンはレーニンの電報を手にホルヴァートと会見し、譲歩を引き出した。しかし、ハルビン駐在の日英米などの領事からなる連合国領事団は、ソヴィエトへの権力移譲に反対した。領事団首席は、佐藤尚武《さとうなおたけ》ハルビン総領事である。領事団は北京《ペキン》の中華民国政府（北京政府とも呼ばれる。以下、中国政府）に応援を要請する。

中国政府は領事団の要請に応じた。ロシア人が支配する中東鉄道が、沿線で持つ治外法権の数々を回収する絶好の機会だったためだ。中国政府から出動命令を受けた吉林《チーリン》省の軍隊は、一二月二六日朝にリューチンらを拘束し、シベリアへ追放した。ハルビンでは引き続きホルヴァートが権力を維持する。

この騒乱のあとにハルビンを訪れた中島少将は、ホルヴァートへの援助を出兵の足がかりにしようと計画する。一九一八年五月下旬、帰国した中島は田中参謀次長に報告した。「極東真《まこと》に人物なし。決断と勇気に乏《とぼ》しく且老獪《かつろうかい》なるは遺憾《いかん》なれども、矢張《やは》り忍耐してホルワットを支持し、全体を統一せしむるの他なからん」。はっきり言えば、ホルヴァートは頼りない。しかし「日本の決心次第で如何様《いかよう》にも傾く」から、彼にすべてを任せるほかないという(『戦間期の日ソ関係』)。

ブラゴヴェシチェンスクで内戦を誘引

中島少将は、アムール河(黒龍江《ヘイロンチアン》)の河畔にあって、中露国境に位置するブラゴヴェシチェンスクにも出かけた。

この頃、首都の革命は全シベリアに波及して、各地で革命政権が成立した。アムール州都のブラゴヴェシチェンスクも例外ではない。この街の革命家のリーダーが機関士だったフョードル・ムーヒンで、市のソヴィエトの支持を受けて、革命政権の首班を務めていた。

中島少将から謀略を託されたのは、陸軍の予備役少佐、石光真清《いしみつまきよ》である。彼は関東都督府陸軍部の密命を受けて、その嘱託という身分で、一九一八年一月からこの街に潜入していた。

石光は日露戦争前の一八九九年に軍籍を離脱して、ブラゴヴェシチェンスクでロシア語を学んだ経験がある。それは参謀本部の密命による諜報活動であった。石光が再びこの街での諜略を任されたのは、「一民間人」でありながら、現地に土地勘があり、諜報に優れていたからで、関与を公《おおやけ》にしたくない関東都督府や参謀本部にとっては好都合だった。

石光は、イヴァン・ガーモフ率いるアムール・コサックと、現地で募った日本人義勇兵を提携させた蜂起を準備する。コサック（カザーク）とは、もともと農奴制を嫌った農民たちなどが結成した、ロシア帝国の体制外にあった騎馬軍団である。ロシア帝国は彼らを従わせると、一八世紀以降は、シベリアなど辺境への植民や国境防衛にあたらせた。彼らが互選で選んだリーダーをアタマン（頭目）という。コサックはロシア帝国への忠誠心に篤かったので、その多くは当初、反革命的な色彩が強かった。

さて、三月七日にブラゴヴェシチェンスクで始まった蜂起は、いったん成功する。革命政権は敗れ、ムーヒンは捕えられた。しかし彼は石光に言う。

「シベリアはロシアの植民地です。反革命に一時は屈することがあっても、本国が安泰である限り、いつかは必ずロシアの手に戻ることでしょう」（『誰のために』）。

三月一二日、革命派の反撃が始まる。アムール河に浮かぶロシア艦隊を味方につけた革命派は、市内に艦砲射撃を浴びせて優位に立った。反革命軍は敗北して、日本人義勇兵は八名の戦死者を出し、対岸の中国領に撤退した。

石光たちは、一度は捕えたムーヒンら「拘禁したる首領連」を、「直《ただち》に死刑に処せざりしこと」を失敗の原因として悔やんだ（「シベリア・極東ロシアにおける十月革命」）。

アタマン・セミョーノフと日本

中島少将には、ほかにも目をかけて支援するコサックがいた。中東鉄道の走る中露国境の街、満洲里《マンチョウリー》（現中国内蒙古《ネイモンクー》自治区満洲里）を本拠地とする、グリゴリー・セミョーノフ一等大尉である。彼は一八九〇年生まれの青年将校で、ザバイカル州のコサック出身だった。第一次世界大戦中はイランや東欧を転戦していた。

第一次世界大戦で苦戦するロシア軍は兵士不足で、一九一六年以降は、それまで徴兵から外されていた、「異族人」と呼ばれるシベリアの諸民族からも積極的に兵士を募っていた。セミョーノフも臨時政府の許可を得て、ザバイカル州でモンゴル人を中心とする部隊を編成するため、一七年八月にチタに戻っていた。一〇月革命後にセミョーノフは、ザバイカル州で反革命政権を樹立しようと、「満洲里特別部隊」という私軍を組織し、中露の国境をまたいで活動していた。

参謀本部はセミョーノフに期待を寄せて、早くも一九一七年一一月から接近していた。黒木親慶《くろきちかのり》陸軍大尉は、南満洲に住む予備役を中心に、セミョーノフのために日本人の義勇兵を募った。『西伯利出兵史』によれば、一九一八年八月下旬に二中隊（銃の数は二五〇）の日本人部隊があった。ほかにもモンゴル系のブリヤート人、中国人など、一〇以上の民族が集まった。

参謀本部は、一九一八年二月に、コサックを援助して、ザバイカル州の「過激派」を掃討し、必要であれば州の独立を支援する計画を立てる。しかし、この年の四月にザバイカル州に攻め込んだセミョーノフは、夏には撃退され、満洲里に退いた。

こうして親日政権の神輿《みこし》に担ごうと、さまざまなロシア人と接触していた日本の陸海軍だが、誰を担ぐのかでは論争があった。

ウラジオストクでは、陸軍の坂部中佐と海軍の加藤寛治司令官が、同地に滞在する「穏健」な社会主義者ピョートル・ヂェルベルを推《お》していた。東京の参謀本部やハルビンでは、ホルヴァートと、セミョーノフを有望と見ていた。

グリゴリー・セミョーノフ
(1890～1946)　ザバイカルのコサック出身．ロシア革命後に私軍を組織してザバイカル州を日本軍と共に占領．1920年秋に極東共和国軍に敗れ，亡命した

田中参謀次長が熱心に推したのは、ホルヴァートである。すでに一九一八年二月一五日には、田中は出兵を渋る寺内首相に、一日も早いホルヴァート支援を要請している。だが山県有朋は、ホルヴァートを援助してボリシェヴィキに対抗するのは、ロシアに対する宣戦布告に等しいと田中に書き送るように、乗り気ではなかった。

ドミートリー・ホルヴァート（1859〜1937）　貴族出身．工兵の将校として，鉄道の敷設に長じていた．1903年からハルビンで中東鉄道の経営に携わり，18年に反革命政権の首班となる

結局、ホルヴァートは日本の参謀本部やロシアの反革命派に担がれて、一九一八年七月に、「全ロシア臨時政府」を沿海州のグロデコヴォで発足させた。グロデコヴォはシベリア鉄道の駅で、ハバロフスクと満州に向かう鉄道が分岐する要衝である。だが、ひなびた駅での政府の発足は、彼の影響力が及ぶのが、せいぜい中東鉄道沿線と沿海州の一部に過ぎないことを物語っていた。六月には沿海州の中心都市、ウラジオストクすら、次章で述べるチェコ軍団に占領されていた。

それでも、ホルヴァートこそ東シベリアの反革命政権の頂点にふさわしい、と田中参謀次長は頑強に主張し続けた。一九一八年九月二〇日に田中は、「ホルワット一派を擁立せしめ其《その》機関を以て極東露領を統一せしむべきは当今の急務なり」とホルヴァートの補佐役、荒木《あらき》貞夫《さだお》陸軍中佐（のち陸相）に書き送っている（『ロシア革命と日本』）。

第1章　日米共同出兵へ——一九一八年

1　チェコ軍団の救出へ——アメリカの呼びかけ

チェコ軍団とは

前章までで見てきた英仏の呼びかけや、陸海軍の現地工作だけでは、日本は「居留民保護」を超えた正式な出兵に踏み切れなかった。寺内内閣では、出兵は必要だとしても、大きなリスクを背負うことになる単独での派兵は論外であり、アメリカも出兵に応じるか否かが重要だ、という合意が形成されていた。

そのアメリカを出兵に踏み切らせたのは、チェコスロヴァキア軍団（以下、チェコ軍団）であり、アメリカの誘いに応じる形で、日本も出兵の口実を得ることになる。

出兵の鍵を握ったチェコ軍団とは何か。

中欧のチェコとスロヴァキアは、中世には独立していたものの、一六世紀以降はオースト

チェコ軍団　オーストリア帝国からの独立を目指し，ロシア側に付いた4万弱のチェコ人とスロヴァキア人たちの部隊．ロシア革命後，ソヴィエト政府の許可を得てシベリア鉄道でウラジオストクへ向かう．だが武装解除を命じられ，1918年5月より反旗を翻し，同鉄道沿線を制圧

リアのハプスブルク家の支配下に置かれていた。その支配を逃れようと、チェコ人とスロヴァキア人の一部は、ロシア帝国に移住する。チェコ軍団はそうした移民の子孫や、第一次世界大戦でロシア軍の捕虜となったチェコ人やスロヴァキア人から成る部隊だった。

この部隊は、トマーシュ・マサリクがロシア帝国へ働きかけて旗揚げされた。彼は、チェコ人とスロヴァキア人が合同しての独立を目指しており、オーストリアと戦うロシア帝国に協力し、独立につなげようとしたのだった。チェコ軍団は二月革命後も臨時政府に信頼されて拡大し、一九一七年末には二個師団、三万八五〇〇人の兵士を抱えるに至った。なお、その八割はチェコ人が占めていたと推測されている。

だがソヴィエト政府は、ドイツのみならずオーストリアとも、一九一八年三月にブレストリトフスクで講和してしまう。チェコ軍団は、ロシアに居場所を失った。彼らは戦争の続く西部戦線で戦おうと、ソヴィエト政府の許可を得て、シベリア鉄道で東へ向かった。東の終点ウラジオストクから太平洋をわたり、アメリカ経由でフランスの戦場へ向かうという、地球一周の試みである。

蜂起するチェコ軍団

ところが、一九一八年五月一四日に事件が起きる。オーストリアに支配されていた二つの民族の内輪もめが、その発端だった。捕虜として西へと帰国するハンガリー人と、西部戦線に加わろうと東に向かうチェコ軍団が、シベリア西部のチェリャビンスク駅ですれ違う。そこで、あるハンガリー人が鉄片をチェコ人に投げつけた。怒ったチェコ人は、犯人を殺害する。現地のソヴィエト当局は、手を下したチェコ人たちを逮捕したが、三日後にチェコ軍団が街を制圧して、仲間を奪還した。

この頃トロツキーは外務人民委員を解任され、最高軍事会議の議長代行として「労働者と農民の赤軍」(以下、赤軍)を束ねていた(一九一八年九月に共和国革命軍事会議議長に就任)。彼は事件を聞くと、引き続きウラジオストクへ向かう条件として、チェコ軍団に武装解除を命じた。しかしチェコ軍団は拒否し、シベリア鉄道の沿線各地でソヴィエト政府に反旗を翻す。

よく訓練され士気も高く、異郷の地にあって強く結束するこの軍団に、赤軍はなす術もなかった。事件があってからわずか三ヵ月で、ヴォルガ河から極東まで、シベリア鉄道の沿線はチェコ軍団に占領される。

チェコ軍団は新鋭の装甲列車「オルリーク」も手に入れ、シベリア鉄道の沿線を威圧した。列車を改造して武装を施し、沿線を攻撃するのに用いられたのが装甲列車である（五二頁写真）。満足な道路もない当時のシベリアでは、装甲列車と、列車に積んだ騎兵隊を組み合わせた戦術に、機動力で勝るものはなかった。

トロツキーもまた装甲列車で各地を督戦して回った。騎馬と列車を併用した赤軍の戦闘は、ウォーレン・ベイティ監督の映画『レッズ』で活写されている。

チェコ軍団を救出せよ

チェコ軍団の蜂起は予想外だったが、英仏はチェコ軍団を利用して、ドイツと戦う戦線をロシアに再建しようとする。連合国の期待に応えようと、ワシントンでアメリカ政府に独立を働きかけていたマサリクも、「当面ロシアにとどまり、共通の敵と戦うよう」、七月二一日の電報でチェコ軍団に命じた。

チェコ軍団はシベリアを席巻《せっけん》した。だが、軍団でもウラジオストクに到着していた部隊と、バイカル湖よりも西にいた部隊の間で連絡が途絶えたために、オーストリアやドイツの捕虜たちにチェコ軍団が攻撃されているのでは、という憶測が流れる。

連合国に「チェコ軍団の危機」の噂が流れる。これを口実に、英仏伊の連合国は、救援のための出兵を日米に強く求めた。一九一八年六月一日から三日まで、フランスで開催された連合国最高軍事会議では、日本政府に対し、シベリアへの出兵を要請することが決議される。イギリスのアーサー・バルフォア外相も珍田大使に出兵を勧告した。だが、アメリカが同意しなければ、と日本政府は回答するのみだった。

アメリカへの働きかけも続けられた。六月一九日、ワシントンでマサリクがウィルソン大統領と会談し、チェコ軍の救助を要請している。さらに七月三日に連合国最高軍事会議が、ウィルソン大統領にチェコ軍団救出のため、出兵を強く要請した。

アメリカからの出兵の誘い

ウィルソン大統領もついに屈した。七月六日にホワイトハウスへ閣僚を招く。大統領は、「チェコ軍の救援に限定し、日米両国ともに七〇〇〇名の兵力を限定した地域に派遣」する方針を決める。七〇〇〇名というのは、アメリカ陸軍が植民地のフィリピンから動員できる兵数としてはじき出された。

ウッドロー・ウィルソン

大統領が意見を変えたのはなぜか。連合国の一員として武器を取り、民族自決を求めるチェコ人とスロヴァキア人への共感があったのは間違いないだろう。

ウィルソンは、七月一七日に連合国の駐米大使たちに渡した覚書で、第一次世界大戦に勝つことがアメリカ国民の最優先課題だとしたが、ロシアへの干渉はそれとは合致しないと記している。ただし、「ロシアにおける軍事行動は、チェコ軍隊の合流を助け、スラヴの同族との協力に成功させ、またロシア自身が進んで援助を受諾する、自治と自衛のための努力を前進させる場合にのみ、これを容認しうる。チェコ軍を救うことには、緊急の必要と充分な理由とがある」（『シベリア出兵の史的研究』）。

さらに、同じく出兵を求められている日本軍と共同出兵することで、シベリアにおける日本軍の行動を抑制しようとしたという見方もある。たしかに、日本が単独で出兵してシベリアを牛耳るのは国益に反する、とアメリカ政府内では考えられていた。ただし、ウィルソン大統領個人が、日本という要因をどれほど考慮していたかは、今日でも議論が分かれる。

ともあれ、七月八日にランシング国務長官が石井菊次郎《いしいきくじろう》駐米大使を招き、アメリカの派兵を伝えた。そしてシベリアに干渉するのではなく、チェコ人を救助するため、日米同数の七〇〇〇人の陸軍をウラジオストクに送りたい、と提案する。それは出兵の呼びかけではあったが、同時に日本軍の出兵地域と兵数を制限してもいた。

伊東巳代治の策謀

アメリカの共同出兵の提案は、政界におけるそれまでの慎重論を吹き飛ばす。

原敬と会見した山県有朋は出兵の必要を説き、アメリカから提議のあるいまは、「出兵の好時期」と語る。これまでの自重論は忘れたようだ、と原は呆《あき》れた（『原敬日記』一九一八年七月一四日）。

もとより出兵に積極的な後藤外相にも、伊東巳代治が協力する。伊東は明治憲法の起草者の一人で、元老の伊藤博文の懐刀として知られた。当時は外交調査会の委員である。

伊東は、ドイツやオーストリアのシベリア進出よりも、出兵したアメリカがシベリア鉄道を管理し、日本が勢力圏と見なす「満蒙」にも手をのばしてくることを恐れた。それを防ぐため、七月一六日の外交調査会でも、まずシベリアの「須要の地に勢力を扶植するの目的を以て、巧妙円満の手段を尽くし、機宜《きぎ》に処《しょ》して間接に米禍《べいか》の東漸《とうぜん》を防ぎ、以て我国威を発揚せんこと」を提案した。アメリカの災い（米禍）、という一語に伊東の警戒心が凝縮されている。彼にとっては、アメリカの勢力が東漸（西漸の間違いか）、すなわちシベリアにまで伸びてくることが、もっとも恐るべきことだった（「日米出兵問題提議」『翠雨荘《すいうそう》日記』所収）。

伊東は一九一八年七月一〇日、後藤外相にシベリア出兵の秘策を授けた。出兵はまず、アメリカの提議に従い、ウラジオストクに限定して始める。それを足がかりに、あとからシベリア全土に軍を展開すれば、政党、すなわち政友会を代表して反対している原なども従うしかない、という読みだ。後藤外相は賛成する。伊東と後藤にとって、アメリカの提議は国内の反対派を封じ込めて出兵するのに、渡りに舟だった。

七月一一日の閣議で、後藤は日米同数での出兵案を説明した。田逓相は、「他《た》の野心を利用して、我が根本政策遂行の最大機会」と賛成した（『田健治郎日記』）。さらに翌日の閣議で、アメリカの制約を受けずに必要なだけの兵力を派兵するものの、アメリカ側を刺激しないように回答することを決めた。

七月一五日に、宮中に山県、西園寺、松方の三元老と、寺内首相、後藤外相が集まった。この会合の様子は明らかではないが、寺内首相も出兵を決意する。

その日の会議後に、寺内は原敬と会談すると、この際ウラジオストクだけでなくシベリアにも出兵したいと語った。そうしなければ、シベリアではドイツの勢力が加わり、アメリカもシベリア鉄道などを占領して、その勢力を広げようとする恐れがある。いま対策を取り、大軍を送らないと、今後どうすることもできない、という理由である。寺内は「此事《このこと》は是非《ぜひ》決行したし」と述べ、「心中《しんちゅう》決する所あるが如き語気」であった。しかし原は、ウラジオストクならまだしも、シベリア全土にまで出兵するのはじっくりと考える必要がある、とかわしている（『原敬日記』一九一八年七月一五日）。

外交調査会の抵抗

出兵に反対する原と牧野伸顕は、外交調査会の委員として、それまでも政府の出兵案を葬り続けてきた。今回も牧野は、政府はアメリカの提議に応じるよりも、ただ出兵をしたいだけだ、と反対する。原もまた、七月一三日に伊東へ、陸軍は最初こそ小規模な派兵を装っても、あとから次第に計画を拡大する恐れがある、と語っている。

七月一六日の外交調査会でも、アメリカの提議に応じて出兵を求める後藤外相に、牧野と原が反対する。委員として出席していた伊東巳代治がここで、アメリカの提案がのめないのであれば、日本側が修正回答案をアメリカに出し、それをもとに議論したらどうか、という対案を出す。そこで、ようやく原が折れ、委員会の決裂は避けられた。

あくまでアメリカとの協調を重んじる外交調査会と、アメリカの了解を得ることにこだわらずに出兵するべきだ、という「自主的行動」を求める閣僚たち。その板ばさみとなった寺内首相は、山県有朋へ辞職すべきか相談したが、慰留された。

結論から言うと、日本はアメリカの提案する出兵数には応じなかった。七月二四日に石井駐米大使は、日本軍を一万から一万二〇〇〇名出兵させると伝えた。この兵数では「チェコ軍の救援よりロシアに対する干渉である」と、フランク・ポーク国務次官は憂慮したものの、翌日には容認する。この回答を得た後藤は、「米国の大統領が反対ならそれでもよい。そういう風に物を運ぶことにする」と強気の発言を残している（鶴見『後藤新平』第六巻）。

原敬の黙認で出兵へ

八月一日、ついに外交調査会は、一万二〇〇〇名の範囲で日本軍をウラジオストクへ派遣し、状況に応じてさらに増加することを決定した。アメリカの返答を受けて、原は黙認した形である。

そもそも原は、ウラジオストクへの限定出兵ならば「日米将来提携」のきっかけとなり、将来の日米関係を考えても「得策」だとすら外交調査会で述べている（『原敬日記』一九一八年七月一六日）。原が絶対反対とは言い切れないのを伊東は見透かして、妥協案をのませることに成功したのだった。

もっとも手ごわい原や牧野を丸め込み、アメリカとの合意もなし崩しの寺内内閣は、一気に出兵の規模を拡大させていく。

八月二日の閣議は、ウラジオストクに一個師団、次にシベリアに一個師団を派兵することを最終的に決定した。寺内首相は大正天皇に出兵を報告（上奏《じょうそう》）し、許可（允裁《いんさい》）を得る。首相はその許可を大島陸相に、陸相は上原勇作参謀総長に伝達（移牒《いちょう》）した。半年以上におよぶ議論を経て、ついに日本の出兵は正式に決定した。

かつて明治天皇は日露戦争にあたって、開戦を許可したあと、「今回の戦《いくさ》は朕《ちん》が志《こころざし》にあらず」と側近に述べ、心身ともに病むほどであった（『明治天皇紀』一九〇四年二月四日）。対照的に、大正天皇は出兵を決めた前後も、昼は散歩、夜は趣味のビリヤードに興じている。出兵宣言の出された八月二日には、例年通り日光の田母沢《たもざわ》御用邸で避暑することも発表され、八月六日に東京を去った。その姿は、君主の個性の違いというより、シベリア出兵に臨む日本の「余裕」を象徴しているように思われる。

日米の出兵宣言

出兵が正式に決定した八月二日、日本はシベリア出兵を内外に宣言した。宣言文はアメリカの要請で、チェコ軍団を救出することを前面に打ち出した文言となっている。また、ロシアの領土保全を尊重し、内政には干渉しない上に、アメリカなどの連合国と協調することを、次のように謳《うた》いあげた。

帝国政府は合衆国政府の提議に応じて其《そ》の友好に酬《むく》い、且今次《かつこんじ》の派兵に於《おい》て、連合列強に対し歩武《ほぶ》を斉《ひと》しうして履信《りしん》の実《じつ》を挙《あ》ぐる為《ため》、速《すみやか》に軍旅《ぐんりょ》を整備し、先《ま》ず之《これ》を浦塩《うらじお》に発遣《はっけん》せんとす。

（「シベリア出兵宣言」『日本外交年表竝主要文書』上巻）

末尾の「先《ま》ず之《これ》を浦塩《うらじお》に発遣《はっけん》せんとす」という表現は、宣言の起草者である伊東巳代治の仕掛けである。「先ず」という表現で、ウラジオストク以外にも派兵が拡大することに含みを持たせていた。

また、宣戦布告ではなく出兵宣言であったところに、対外戦争にもかかわらず、対外戦争の形式を踏まないシベリア出兵の特徴がある。そのためシベリア出兵では、日清戦争や日露戦争のときのような、戦時において大元帥の天皇を補佐（補翼《ほよく》）し戦争を指導する、大本営という統帥機関は設けられなかった。

もっとも、宣戦布告なしでの派兵は、日本に限らず、ロシアに出兵した各国も同様であった。日本に遅れじと、八月三日午後にはアメリカも出兵宣言を発して、日米両国のシベリア出兵が始まる。時を同じくして、イギリスやフランスなど各国も出兵を開始した。連合国が競い合うなかで、シベリア出兵は拡大していく。

日米が出兵を宣言したことで、ソヴィエト政府と日本に交渉の余地はなくなった。モスクワでは連合国の外交官たちへの締め付けが厳しくなり、八月七日には、ほかの連合国の領事官たちとともに、最後まで残っていた熊崎総領事もモスクワを引き揚げる。以後、一九二五年までの七年間、東京とモスクワは国交なき状態が続くことになる。

米騒動とシベリア出兵

出兵宣言が出るのと前後して、日本各地では米騒動が本格化した。

きっかけは、井戸端会議である。七月二二日の夜、富山県下新川郡魚津町《しもにいかわぐんうおづちょう》（現魚津市）の漁民たちの妻は、米の値段が上がり続けていることに不満をもらしあう。翌日、米を船へ積み出す副業を中止してもらおうと、彼女たちは資産家や町役場のもとに押しかけた。これが「越中女一揆《えっちゅうおんないっき》」として報道されると、またたく間に暴動が全国へ飛び火する。

興味深いのは、米騒動がロシア二月革命との対比で語られたことだ。八月七日の『富山日報』は、「さながら昨年三月露都に起った食糧暴動を想起せしめる」、と書いた。同じ日の『高岡《たかおか》新報』は、「露国の革命はかまどから起った」と報じ、「警察力を以てこれを鎮圧するのは容易だとしても、かれらの絶叫に共鳴した思想はどうして鎮圧できるか」と煽《あお》っている。

一ヵ月半にわたる暴動を、政府はのべ九万二〇〇〇人もの軍隊を動員して鎮圧した。地方によっては、シベリア出兵のため待機していた部隊も転用されている。

米騒動は、シベリア出兵に対する民衆の反対表明だった、と唱える歴史家もいる。その見解の当否は問わないが、米の価格上昇には、出兵が近いことを見越した商人の売り惜しみや、軍による米の調達が関係していたことが、当時から指摘されている。事実、新聞各紙で出兵の噂が流れた七月から、米の価格は跳ね上がっていた。

山県有朋は、すでに四月の時点でこう話していた。「たとえば現在にても、米穀の不足を感じて、非常の高値を出し居《お》るに、是《こ》れが出兵などという場合と為《な》りて、果して食物の供給に差支なきや」（『万象録』一九一八年四月二四日）。

山県の懸念は出兵中の兵站《へいたん》にあったが、当たらずとも遠からずで、シベリア出兵が米騒動を引き起こすきっかけとなった。

シベリア出兵は、こうした騒然とした状況のなかで始まる。

軍部の新聞操縦

全国の新聞は米騒動に対して、一致して寺内内閣の失政を責めた。ところがシベリア出兵については、新聞各紙で意見が分かれる。『国民新聞』や『万朝報《よろずちょうほう》』は出兵を要求する。出兵に慎重だった『読売新聞』も、途中から「シベリア出兵は得策なり」の社説に急変した(『読売新聞八〇年史』)。その背景には、軍部からの資金流入があった。

一九一七年一二月までの『読売新聞』社主は、創業者を父に持つ本野一郎外相だった。本野は外相として多忙であったため、社主を弟に譲り、同じく外交官として親しくしていた秋月左都夫《あきづきさつお》が社長を任せられていた。どうしても出兵したい本野外相は、せめて『読売新聞』には応援してもらおうと、秋月にたびたび電話をかけた。しかし秋月は、本野の懇請を無視する。出兵に反対する牧野伸顕の義兄でもある秋月は、「なぜ出兵問題のために喧《やかま》しいのか、吾輩《わがはい》はこれを解《かい》するに苦しむ」(一九一七年一二月二一日)など、十数回にわたって出兵への批判を繰り返した。

これに目をつけたのが、田中義一参謀次長である。田中は出兵のため世論を味方に抱き込もうと、陸軍の機密費を新聞界に注ぎ込んでいた。経営難だった『読売新聞』にも、田中は自分の子飼いの記者、伊達源一郎《だてげんいちろう》を雇う条件で、同社への資金援助を本野に申し出る。本野はその誘いに乗り、一九一八年五月に伊達を主筆に迎えた。

伊達は強引に社論を転換する。まず五月三一日の社説で、寺内内閣にシベリア出兵の決断を求めた。六月九日の紙面では「ああだ、こうだといわずに早く決めよ」と迫り、七月に入ると連日のように出兵論を展開する。

その後も田中はシベリア出兵の世論工作に関与した。陸相就任後の一九一九年五月には、陸相直属の新聞班を設置している。新聞班の業務は、社会に軍事思想を普及させることを目標に掲げていた。実際はシベリア出兵に関する「美談」や「労苦」をウラジオ派遣軍から集め、時には金銭を渡して、それらを新聞記者に書かせようとするなど、露骨な世論操作を行っている。

宣伝活動を業務とする陸軍の常設の組織は、ここから始まる。その後も組織は名前を変えながらも、マスメディアとの関係を深めていく。シベリア出兵はそのきっかけとなる戦争だった。

マスメディアの弾圧と検閲強化

出兵の開始当初に話を戻そう。

出兵宣言を目前にした一九一八年七月三〇日、内務省は各紙で出兵関係の記事を差し止め、沈黙を強いた。『大阪朝日新聞』(以下、『大阪朝日』)も、それまでも出兵を無謀として攻撃を加えてきたが、七月三〇日の「自主的出兵か」と題する記事が問題にされ、発売禁止となった。

八月二五日、関西の新聞各社が集まって、「言論擁護内閣弾劾関西新聞社通信大会」が大阪のホテルで開かれた。問題は、この会合を伝えた『大阪朝日』の翌日の夕刊記事に、「白虹《はっ》日《こうひ》を貫けり」という一語が入っていたことだ。中国の古典『戦国策』などにあるこの言葉は、「白虹」が兵を、「日」は君主を意味する、内乱の暗示だった。

この記事が新聞紙法違反にあたるとして、大阪府警察部新聞検閲係長の山下文助は、『大阪朝日』を裁判所に告訴した。その結果、『大阪朝日』は、新聞の死刑ともいうべき発行禁止の瀬戸際に立たされることになった。

最終的に、『大阪朝日』社長の村山龍平《むらやまりょうへい》は責任をとって退陣し、編集局長の鳥居素川《とりいそせん》をはじめ、シベリア出兵を強く批判していた幹部たちも辞職を余儀なくされた。一二月には紙面に長文のお詫びを掲載して、ようやく廃刊を免れている。

検閲に脅かされたメディアはほかにもある。シベリア出兵を特集した雑誌『中央公論』一九一八年八月号は、警視庁の事前検閲により、新聞記者の松井柏軒《まついはっけん》や、前田蓮山《まえだれんざん》の論考が掲載禁止となった。吉野作造の「浦塩《ウラジオ》出兵の断行と米国提議の真意」も、一二ヵ所、約二八〇〇字も削られて、「〇〇」と記された伏字だらけで店頭に並んだ。
このように、当時の主要なメディアである新聞や雑誌は、次々に政権に牙《きば》を抜かれた。その眼前で、寺内内閣と陸軍は、シベリア出兵を順次拡大してゆく。

2　ウラジオストク上陸、北満洲からの進攻

兵力制限に反発する陸軍

チェコ軍団救済を目的とする、アメリカから日本への共同出兵の提案がなされた当時、参謀本部第二部に勤務していた沢田茂《さわだしげる》陸軍大尉によれば、「参謀本部では、期せずしてワッと歓声をあげた。半年の活動が報われたからである」(『参謀次長沢田茂回想録』)。

しかし、日米双方が七〇〇〇人の兵を出すという制約に、上原参謀総長は反発した。一九一八年七月一一日に彼は、チェコ軍団の救援という目的がある以上、その手段や派兵の場所、使用する兵力も限定すべきではない、という意見書を政府に提出している。

では陸軍にとって、どれほどの兵力が望ましいのか。七月一六日に開かれた外交調査会で、大島陸相は「極東露領《ろりょう》出兵に関する要領」を委員に配布している。陸軍が用兵に関係する資料を政党の党首たちに配布して、承認を求めるのは異例だった。

「要領」を見せられた委員たちは驚く。そこには沿海州に二個師団(約四万三〇〇〇人)、ザ

バイカル州に五個師団（約一〇万八〇〇〇人）、さらに予備兵力として六個師団を日本国内で待機させるという、計一三個師団の動員計画が記されていた。

当時の日本軍は、天皇を守る近衛《このえ》師団を含めると、二一個師団があった。大島陸相の案は、シベリアにその半数以上を投入しようというものだ。委員たちは不信感を表明する。寺内首相はあわてて、それは万一を考えての「最高限度の数字」だと弁明した。

結局、兵力については、アメリカに一万二〇〇〇名と伝えたことは前述した。

その裏で、陸軍首脳はひそかに動く。七月二〇日に寺内首相、大島陸相、田中参謀次長が集まり、出兵数は二個師団（戦時編制）と決める。四万を超える大軍である。

日本政府が出兵宣言を出したのは八月二日、上原参謀総長は日記の余白に記した。ウラジオストクには「一日も早くと信ずるが故《ゆえ》に」、アメリカの要求には応じつつも、あとは状況次第で兵をさらに送ればよい。その翌日には、石井大使がポーク国務次官を訪れ、「日本政府はチェコ軍救出のためウラジオストク以外に軍隊を移動する必要が起こるかもしれない」と述べた。

寺内首相以下、日本の軍人たちは、出兵数や出兵地域についてのアメリカの提議を軽んじていた。このことが、出兵をめぐる日米摩擦のきっかけとなる。

ウラジオ派遣軍総司令部の創立

ところで、日本軍の司令部の名称は「西伯利派遣軍総司令部」を予定していた。ところが「露領派遣軍総司令部」に変更され、ようやく一九一八年八月四日に、「浦潮《ウラジオ》派遣軍総司令部」と決定した。アメリカからの提議にのっとって、派兵地域をウラジオストクに限定したように見せかけるため、「看板」が書き換えられていったと見られる。なお本書では、読みやすさに配慮して、ウラジオ派遣軍と表記する。

司令官には、上原参謀総長が自ら名乗りをあげる。上原は、アメリカに配慮して兵力を限定した寺内内閣は統帥権を犯したと怒り、七月には辞職を願い出ていた。司令官への転任を願い出たのも、そうした背景から駄々をこねたのか。華々しい戦歴を飾りたかったのか。

上原の転任には、山県も協力した。しかし、後任の参謀総長を引き受ける者がいない。結局、大島陸相に説得されて、上原は参謀総長にとどまった。

派遣軍司令官には、大島陸相と上原参謀総長が相談して、大谷喜久蔵《おおたにきくぞう》陸軍大将が任命された。第一次世界大戦中の一九一四年から、日本軍はドイツの植民地だった青島を占領していた。その青島守備軍司令官として見せた、彼の外交手腕が見込まれた。また現在の福井県出身の彼は、薩長閥がポストを争うなかで、折衷案となる人事でもあった。

上原参謀総長は、チェコ軍団の救出は、「表面のみ」であると、司令官となった大谷に訓示した。上原の本音は、日記の次の一文にあった。

「真意は、我国の東亜に於ける位地《いち》と利害に鑑み、専《もっぱ》ら我の力を以て東露の秩序を回復し、他国に比し、之に対する一層緊切《きんせつ》なる利害関係を保持し、一層有力なる発言権を保有するに存す」（『上原勇作日記』一九一八年九月一一日）。

要するに、ロシア東部の治安を回復して、利権を確保し、その利権は各国へ主張できるようにすることこそ、上原にとっての「出兵の大方針」なのだった。ただし上原も、バイカル湖より西へは戦線拡大を望まない政府の方針に従い、他国より出兵を持ちかけられても、「回避」するつもりだった（同前一九一八年九月一一日）。

ウラジオ派遣軍にはほかに重要なポストとして、世界各国の派遣軍との連絡のため、政務部が設けられている。初代の政務部長には、外交官の松平恒雄《まつだいらつねお》が任命された。幕末の会津藩主、松平容保《かたもり》の四男である。補佐役には、本野外相の意見書を代筆した外交官、木村鋭市が任命された。

ウラジオストクへの出兵開始

シベリア出兵には、全期間を通じて、およそ当時の日本軍の半数にあたる一一個師団が参加することになる（日本国内から九個、満洲、朝鮮の軍が各一個）。ただし、出兵した師団はおよそ一年ごとに交代し、常に一一個師団がシベリアに駐屯していたわけではない。

出兵が宣言された翌日の一九一八年八月三日、第一二師団（小倉《こくら》、現北九州）に動員令が下り、八月一二日、ウラジオストクにその第一梯団《ていだん》（計一万四〇四〇名）が上陸した。いよいよ、日本軍のシベリア出兵が本格的に始まる。

第一二師団を率いるのは、長州出身で「長派《ちょうは》の秘蔵児」と言われた大井成元《おおいしげもと》陸軍中将である。ちなみに翌年八月に、大井は二代目のウラジオ派遣軍司令官に就任して、一一月には大将に昇進している。こうした昇進も、長州閥としての恩恵を受けたと言われる。

第一二師団は現地の日本人たちに、ロシア人の感情を刺激しないよう、日本国旗も掲げず、静粛にして、少人数の代表者が出迎えるだけにするよう命じた。華やいだ雰囲気とは無縁のなか、将兵たちが続々とウラジオストクに上陸していく。

出兵兵力の合意を破る

なお日本軍に先んじて、八月三日にはイギリス軍がウラジオストクに上陸している。つづいて八月九日にはフランス軍が、一九日にはアメリカ軍が上陸した。

各国の軍隊がウラジオストクに上陸するなか、八月一四日に大井第一二師団長は、師団の残りの部隊（第二梯団）も派遣するように求めた。そもそも、この師団を二つに分けて派遣したのは、上陸する兵力を少なくみせかけて、アメリカの目を欺くためだった。

ひとたび上陸すると、日本軍はすぐに追加の動員を始める。八月一八日にウラジオストクに上陸した大谷司令官は、翌日には増援を参謀本部に要請した。また関東都督府のもとにある満洲駐劄《ちゅうさつ》師団の第七師団（旭川《あさひかわ》）も、後述するように、すでに八月九日に動員されてい

ウラジオストク市街を行進する日本陸軍（上），同じくアメリカ軍（下） ウラジオストクへの上陸は，8月3日のイギリス軍を皮切りに，9日にフランス軍，12日に日本軍，そして19日アメリカ軍と続いた

た。すべては陸軍内での事前の打ち合わせどおりで、シベリアの日本軍はたちまち膨らんでいった。

結局、日本軍は八月に計三個師団、約七万二四〇〇人（戦闘員四万四七〇〇人、非戦闘員二万七七〇〇人）を動員した。シベリア出兵が語られる際に必ず強調される数字だが、これは出兵期間を通しての最大兵力で、早くも一一月には、五万八六〇〇名に減らされている。

それでも、日本軍の兵数は突出していた。

日本以外でシベリアに派兵したのは六ヵ国である。一九一八年秋の兵数順に並べると、アメリカ軍九〇〇〇、イギリス軍七〇〇〇、中国軍二〇〇〇、イタリア軍一四〇〇、フランス軍一三〇〇、それに少数のカナダ軍がいた。干渉の口実となったチェコ軍は約四万である。また一九一九年二月中旬、クリミア半島など南ロシアに上陸した各国の干渉軍（フランス、イギリスほか）の総数は、七万五〇〇〇人から八万五〇〇〇人と見積もられている。ロシア全土を見渡しても、日本軍の規模は群を抜いていた。

北満洲からザバイカル州への出兵

日本軍は二方面からシベリアに展開した。まず、ウラジオストクからである。こちらの滑り出しは順調だった。第一二師団は北上し、九月五日に沿海州の州都ハバロフスクを占領した。その後はシベリア鉄道沿いに西へと進み、一〇月上旬には、中露国境に接するアムール州も制圧する。

もう一つが、満鉄で北上し、満洲里から中露国境を越え、ザバイカル州へ進軍する。ウラジオストクからの出兵は連合国との協調にもとづいたが、後者は日本が単独で計画したものであった。

ザバイカル州へは、すでに四月に日本に支援されたセミョーノフの部隊が攻め込んでいた。しかし、日本軍がウラジオストクに上陸した頃にはすでに撃退されて、北満洲に退却していたことは前章で論じた。

ここで待ち受けていたのが中国軍である。中国側は、自国の領土に勝手に根拠地を築き、騒乱を引き起こすセミョーノフと、それを支援する日本人を苦々しく見ていた。中国政府外交部は、中国にセミョーノフの部隊が戻ってきたら、武装解除するように地元へ指示していた。

参謀本部としては、苦境にあるセミョーノフを助けて、ともにザバイカル州に攻め込みたい。特に上原参謀総長は、「チタ迄《まで》は是非出て、以て［シベリアの］東西を制する事」を重く見た。そのため、七月八日には北満洲への出兵を提議する（『上原勇作日記』）。上原はザバイカル州の州都であるチタを占領しようと、進軍の通り道となる北満洲への出兵を急ぐ。

中国政府を借款で動かす

問題は、北満洲を領土とする、中国政府からの同意が得られるかにあった。一九一八年七月三一日、参謀本部は、北京公使館付武官の斎藤季治郎《さいとうすえじろう》陸軍少将に、中国の陸軍当局に日華軍事協定を発動し、日本軍の出兵を要請させるよう命じる。だが、中国側は同意しない。日本は中国政府の了解を待たずに、動員の準備を始める。八月四日に参謀本部は、満鉄沿線に駐屯する第七師団を、満洲里に派遣する案を閣議に提出し、翌日に了承された。

ようやく八月八日に、林権助《はやしごんすけ》駐華公使が、中国政府の実権を握る段祺瑞《ドゥアンチールイ》国務総理から、日本軍の満洲里への出兵に「何ら異存はない」という内諾を得た。

日本側は段総理の一言を中国側の同意と見なし、八月九日に第七師団に動員令を下す。まず支隊二〇〇〇人が満洲里に派兵され、のちに第七師団ごと満洲里に移動した。八月一三日には、政府は満洲里への出兵を正式に宣言した。さらに八月二四日には、第三師団（名古屋）のザバイカル州派兵が閣議決定された。寺内内閣による、矢継ぎ早の決定である。

なお、日本軍の満洲里への出兵を認めた際に、段総理は、中国も一個師団を出動させる意向であるとも述べ、その軍費と武器の援助を日本に要請していた。具体的には、参戦する軍を新たに編成するため、借款の単独供与を日本政府に求める。林駐華公使は供与に前向きであったが、後藤外相はイギリス、フランス、ロシア、日本が結成している国際借款団を出し抜く形での単独供与には難色を示した。

結局、中国政府とは、西原亀三の非公式ルートを通じて交渉が行われ、九月二八日に、日本の植民地で中央銀行の役割を担う朝鮮銀行や台湾銀行などから、「参戦借款」二〇〇〇万円が供与されている。

アメリカとの出兵地域の合意を破る

ザバイカル州に派兵する第三師団の動員について、外交調査会で説明を受けた原敬は、会合の直前に寺内首相から辞職の決意を聞いていたので、これ以上、追及するのもどうかと考え、表立って反論しなかった。

すでに閣議決定を待たずに、満洲里に派遣された第七師団は独断で部隊に国境を越えさせ、ザバイカル州に攻め込む。日本軍はセミョーノフやチェコ軍団と連携して、はやくも九月六日には、ザバイカル州の州都チタを占領している。

九月二二日には、第七師団の支隊がシベリア鉄道に沿って東へ進み、沿海州から西に進軍してきた第一二師団との連絡に成功して、九月末までに、チタから東のシベリア鉄道の沿線は日本軍と各国軍によって制圧された。シベリア各地では、反革命派が息を吹き返した。

しかし、原が懸念していたように、アメリカはこうした日本軍の展開に反発する。アメリカは派兵する地域をウラジオストク周辺に限定して、日本に出兵を持ちかけたからだ。

動員の続いていた八月二二日に、後藤外相は、ウスリー（沿海州南部）およびザバイカル方面へ、三万人を増兵することをアメリカ政府に通告するよう、石井駐米大使に訓電した。

石井大使は、八月二七日にこの件をランシング国務長官に通告したが、石井大使が「百方《ひゃっぽう》話し掛《か》けたるも国務卿は沈黙」したままだった（『日本外交文書』〔以下『日外』と略記〕大正七年第一冊）。呆れたのか、怒ったのか。ランシングには返す言葉もなかった。

この後も日本は、ウラジオストクから上陸した部隊は連合国との共同出兵だが、北満洲やザバイカル方面への出兵は別であると弁明し続けた。しかしそれではアメリカは納得せず、出兵早々に日米間には亀裂が走った。

快進撃の日本軍と占領体制の構築

寺内首相は、アメリカとの合意を無視したものの、楽観的だった。第三師団の動員が決まった八月二四日には、長州の先輩軍人である枢密顧問官の三浦梧楼《みうらごろう》へ、次のように書き送っている。アメリカとの関係は、いまのところ格別の難関はありません。今後、アメリカから多少の「論難」は免れないでしょうが、やむをえない行きがかりというものです（『三浦梧楼関係文書』）。

アメリカとの合意をないがしろにした作戦は、参謀本部の既定方針だった。参謀本部は一九一八年に改定した「統帥綱領」で、第一次世界大戦の教訓から、長期間の総力戦を想定しながらも、開戦するや一気に勝負を決める短期決戦を目標としていた。そのため、アメリカとの合意を破って大軍を各地に派兵してでも、シベリアをいち早く占領することを重視したと思われる。

参謀本部の戦略は図に当たる。日本軍は、バイカル湖から東を二ヵ月足らずで制圧した。アメリカとの合意違反も何もかも、成功を前にしてはすべて不問となる。大谷ウラジオ派遣軍司令官と、関東都督として、満洲里からザバイカル州への出兵を担当した中村雄次郎《なかむらゆうじろう》陸軍中将の部隊に、「至大《しだい》の成績を収め」、「朕《ちん》深く其《そ》の勇邁《ゆうまい》を嘉《よみ》す」という、大正天皇の勅語が下された（『侍従武官日記』一九一八年九月三〇日）。

なお第七師団は、一九一八年一二月に関東都督からウラジオ派遣軍司令官の指揮下に入った。こうして、ザバイカル州のチタに第三師団、中露国境の満洲里に第七師団、ハバロフスクに第一二師団の司令部が置かれる。これらを、ウラジオストクの派遣軍司令部が統括した。またバイカル湖近くのヴェルフネウヂンスク（現ウランウデ）やネルチンスク、ダウリヤ、それに「北満洲」の中心都市ハルビンといった拠点には、歩兵旅団司令部が置かれた。

出兵が始まると、政治工作や謀略を担当する「特務機関」もシベリアや北満洲に増えていく。結果として、現地の特務機関がそれぞれ個別に反革命軍と癒着し、反革命軍の統一行動に支障をきたした。

一九一八年一〇月、ハルビン特務機関長を退任した武藤信義《のぶよし》陸軍少将は、特務機関が分立しているのは問題があるとして、ホルヴァートとセミョーノフを指導する機関を統一し、参謀総長に直属させて、軍隊の通常の系統から外すように求めている。その結果、特務機関の指導は、ウラジオ派遣軍司令官が統括し、業務に関しては参謀総長に直属する、という指揮系統に改められた。

朝鮮軍の出動

ここまでの過程を見ていくと、シベリア出兵とは、あたかもロシア人の「過激派」に標的が絞られていた印象を抱くかもしれない。実際には、ロシアに住んでいる朝鮮人たちも、日本軍の標的となっている。

一九世紀から、朝鮮半島と接するロシアの沿海州には朝鮮人の移住者が多かった。一九一〇年に日本が韓国を併合した前後から、この地方は日本に対する抵抗活動の重要な拠点となる。翌年にロシアと日本は、朝鮮人の民族運動を双方が取り締まる条約を結んでいる。しかしロシア帝国の領土である以上、日本側としては、ロシアの官憲にさらに厳しく取り締まるよう要請するのが精一杯であった。

朝鮮半島の植民地統治を安定させるために、参謀本部はシベリア出兵という機会を逃さなかった。上原参謀総長の命令で、朝鮮軍司令官の宇都宮太郎《うつのみやたろう》陸軍中将は、一九一八年一〇月八日に朝鮮軍の第一九師団（羅南《ラナム》）に出動を命じた。目的は、ウラジオストクと朝鮮半島北部をつなぐ電信線の保護である。ただしこれは名目に過ぎず、沿海州南部が「排日思想を有する鮮人の巣窟《そうくつ》」なので、彼らを「駆除」することが本当の狙いだった（『西伯利出兵史』上巻)。

第一九師団第七四連隊を中心とした南部烏蘇里《ウスリー》派遣隊は、朝鮮半島北東部の清津《チョンジン》から出航した。一九一八年一〇月一七日に、先遣隊がウラジオストクとポシェット湾の中間にある地点に上陸する。派遣隊はロシア人の抵抗に遭いながらも、朝鮮人の武装解除を進めた。この作戦で、日本軍は朝鮮人の抗日活動を弱めることに成功している。なお、南部烏蘇里派遣隊は、一二月にはウラジオ派遣軍に編入された。

この作戦は、ウラジオ派遣軍が背後を脅かされないようにするための、側面支援の性格があったと思われる。だが在外朝鮮人への武力行使の始まりでもあって、第4章で論じる、一九二〇年の間島《ヂンダオ》(現中国吉林省延辺朝鮮自治州)への出兵を予感させる。

なお、シベリア出兵中に日本軍は、一九一七年のロシア二月革命後に結成された「全露韓人会」を解散させる。さらに、在露朝鮮人の指導者たちを検束し、朝鮮語新聞の発行を停止するなど、ロシア領に住んでいる朝鮮人への支配を強めている。ホルヴァートなどロシアの反革命勢力も、それに手を貸した。結果的に、反発した朝鮮人からは、ボリシェヴィキに身を投じて日本軍と戦う者が増えていく。

3 原敬内閣による兵力・派兵範囲の抑制

寺内内閣の総辞職

出兵は順調に進む。しかし、米騒動、そして寺内首相の病気もあって、内閣は風前の灯《ともしび》だった。

さらに、山県有朋が追い討ちをかける。山県は、「出兵問題の如き自分に受合居《うけあいお》りながら殆《ほとん》ど言行相反《あいはん》する挙動」だと、寺内に愛想を尽かし、彼を無能呼ばわりしていた（『翠雨荘日記』一九一八年九月二〇日）。その詳細は不明ながら、山県がシベリア出兵に関連して、寺内に強い不満を持っていたことは間違いない。寺内も、山県の意向でも実行に移せないものがあると苦しみ、田遁相に、シベリアへの派兵が完了したときに進退を決める、と語っている（『田健治郎日記』一九一八年八月一七日）。

日本兵がウラジオストクに上陸してから四〇日後の一九一八年九月二一日、ついに寺内内閣は総辞職する。

新たな首相は誰か。当時は元老たちが天皇に推薦するのが慣例である。政党を嫌う元老筆頭の山県は、原が本格的な政党内閣を組閣するのを阻止しようと、もう一人の元老、西園寺公望に組閣させようとした。だが西園寺は固辞する。結局、元老間の話し合いで山県は誰も推薦せず、西園寺が「原にては如何《いかが》」と発言すると、山県は「夫《それ》も一案なり」と答えた。政党内閣を認めるのもやむなし、という山県のポーズである（『西園寺公望』）。

こうして一九一八年九月二七日、原敬が組閣の大命を受けた。

原敬（1856～1921）　盛岡出身．外務省入省後，陸奥宗光の知遇を得て1895年外務次官．1900年政友会に参加．02年衆院議員に．06年より内相などを歴任，14年政友会総裁．18年9月より首相就任，欧米協調路線をとる．21年11月東京駅で暗殺される

「平民宰相」原敬の限られた権力

原敬の首相就任は、大正という時代を象徴する出来事だった。彼は現在の岩手県盛《もり》岡《おか》市の出身である。明治政府によって朝敵とされた東北諸藩の出身者として、初めて首相となった。また、明治政府の官僚として育成された世代のさきがけでもある。何より、貴族（華族）に列せられるのを拒否する、「平民宰相」として知られていた。「華族に列せられたり、家に余財を遺《のこ》したりすることは多くの場合子孫に禍《わざわ》いするものである。その器にあらずして父祖の爵位財産を継承することは決してその者の光栄でもなく幸福でもない」というのが、原の持論である（『我観談屑《がかんだんせつ》』）。

当時の首相の権力は、現代とは比較にならないほど小さい。

一八八五年の内閣制度の発足とともに、首相は「各大臣の首班」として閣議を主宰することになったが、あくまで国務大臣の一人（内閣総理大臣）に過ぎない。そのため、各省の行政長官でもある国務大臣へは、「大政の方向を指示し行政各部を統督」するだけで、命令権はない。

一八八九年に制定された明治憲法では、国家元首として「統治権を総攬《そうらん》」する天皇を各大臣がそれぞれ単独で補佐（輔弼《ほひつ》）することで、権力の分散が図られていた。結果として、首相は「同輩中の首席」と呼ぶのがふさわしい程度だった。代わって、大臣たちが合議する内閣が国務の中心となり、首相の取りまとめる閣議決定が重要となる。

法制度が首相の権力を制約するなかで、原敬の権力の源泉となったのが政党だった。伊藤博文が一九〇〇年に創立し、西園寺公望から原へと引き継がれてきた政友会は、衆議院の第一党である。さらに原は、皇族、華族および勅任の議員からなる貴族院からも支持を受けるように努める。宮中ともよい関係を保つように気を配った。

何より原は、山県有朋の助言と了解を得るように心がけた。『原敬日記』によれば、原は首相在職中の三七ヵ月間に、三八回も小田原にいる山県を訪ねている。人を介しての間接的な連絡は、さらに密であった。結果として、山県につらなる陸軍や官僚たちも、原に逆らいにくくなった。

内田康哉の外相任命

それでも、首相が強いリーダーシップを発揮できない法制度であったことに変わりはない。それだけに、閣議で主導権をとるため、原は主要な閣僚の人選に気を配った。

とりわけ外相には、協力的な人物を求めた。外交調査会で、伊東巳代治などが政府案に議論を挑んでくるのは必至だったためだ。そこで、閣僚の多くを政友会の党員が占めるなか、外相には、外交調査会でともに出兵に反対した牧野伸顕を迎えようとする。しかし牧野が辞退したため、外相やロシア大使を歴任した内田康哉《うちだこうさい》を外相に起用した。

内田はロシア大使在任中、ソヴィエト政府を評価し、その早期承認を外務省に具申した。レーニンのことも、「一種の信念に基《もと》づき誠意是《これ》を貫徹せんとする人物にて、学識もあり機略弁論もあり彼等《かれら》仲間には崇拝せられ」と、べたぼめしていた(『伊集院彦吉《いじゅういんひこよし》関係文書』第二巻、一九一八年二月八日)。

しかし、一九一八年三月に革命直後のロシアから帰国した内田は、「臆病」と外務省内でそしられ、「盛《さかん》に『レーニン』を賞揚《しょうよう》し『トロツキー』を景仰《けいぎょう》する」と、後藤外相にもにらまれた(『翠雨荘日記』一九一八年九月二九日)。そのため、七月二二日にロシア大使を辞任していた。

本野、後藤の両外相をはじめ、外務省とその関係者には、出兵に熱心な者たちが少なくなかった。首相秘書官兼外務書記官の松岡洋右《まつおかようすけ》、佐藤ハルビン総領事、元ハルビン総領事で満鉄理事の川上俊彦《かわかみとしつね》などはその代表である。そのなかで内田は、「日本より出兵するなどは以《もっ》ての外《ほか》」であると否定的な態度で、原と意気投合していた(『原敬日記』一九一八年四月四日)。

原と内田は、ともに陸奥宗光《むつむねみつ》農商務相の下で秘書官を務めたときから、二〇年以上も友情を温めてきた。だがそれよりも、出兵に対する考え方の近いことが、外相の選考で大きな意味を持ったと考えられる。

原敬と田中義一の連携

陸相として入閣したのは、多くの予想に反して、田中義一であった。参謀次長としてシベリア出兵を計画した田中が、出兵に反対した原首相に協力したのはなぜなのか。出兵をめぐる謎の一つである。

そもそも田中と原は、因縁のある間柄だった。内相として、原が副首相格で迎えられた第二次西園寺公望内閣は、一九一二年末に二個師団の増設を求める上原陸相が辞任して、内閣が倒された。上原の背後で画策していたのが、当時、陸軍省軍務局長だった田中であり、元老の山県有朋であった。

原は、シベリア出兵の論争の背後でも、山県や寺内首相を動かしているのは田中だと見抜いていた（『原敬日記』一九一八年四月四日）。それでも原は、山県が田中を陸相に推薦すると、その意見に従った（同前九月二七日）。田中を介して、山県と意思を通じることを重視したとも、軍の改革を進めるのに、田中は必要な人材と見ていたためとも言われる。清濁合わせのんだと見ている。

それでは、なぜ田中は陸相に就任したのか。田中には、原に接近して政党政治家になる野心があったとも言われる。実際に、田中はのちに政友会総裁として、首相兼外相に就任したことが、その推測の有力な根拠となっている。

軍備のためなら出兵では妥協

理由はそれだけではない。田中は第一次世界大戦の教訓から、今後の戦争は「単に軍隊と軍隊、軍艦と軍艦の戦い」ではなく、「国民全体の戦争」になると、陸相に就任する前に講演している（『欧洲大戦の教訓と青年指導』）。その彼にとって、国民の支持を受けた政党の後援は不可欠だった。

田中はまた、「国民全体の戦争」、すなわち総力戦を戦い抜く体制の構築を目指した。「総力戦」には軍備拡充が必須である。しかしその予算獲得は、大蔵省の反対で寺内内閣も難しかった。一方、原は首相になる前から、山県に寺内内閣の軍備拡充計画が緩慢《かんまん》であると指摘し、航空戦力の大拡張や空軍の創設も主張するように、軍備拡充に理解を示すようになっていた。

そのため田中は、総力戦の準備のために、原首相の協力を引き出そうと入閣したと思われる。また出兵について、田中は組閣前に、バイカル湖の西まで出兵するのは望ましくなく、不必要でさえある、と原に告げている。原もまた同意見だった。出兵は続けても制約を設けることで、二人は一致していた。

アメリカに関しては、協調しようとする原と、敵視する田中は正反対であった。田中が日露戦争後に立案し、一九一八年に改訂した帝国国防方針でも、アメリカは仮想敵国だった。

それでも両名は連携して、以後三年余り、シベリア出兵を舵取りすることになる。

ちなみに田中は、同じく長州出身の山県に目をかけられて出世してきたが、一九一五年には「御老人」と寺内に宛てて書くなど、山県を冷めた目で見ていた。もちろん田中も、山県へのご機嫌うかがいは欠かさない。だが、次第に山県の不興を買っていくのだが、彼より原の意向を汲む心境の変化を見透かされてのことだろう。

原内閣による兵力削減

首相に就任した原は、田中陸相の協力を得て、シベリア出兵に一定の枠をはめようとした。バイカル湖を越えて、シベリア西部への派兵を求める英仏の要請を拒否した上に、一〇月一五日には閣議で、日本軍をバイカル湖より西に進軍させないことを決定する。

さらに、シベリア駐留の日本軍を約一万四〇〇〇人削減する、とも閣議決定した。それでも、アメリカは日本軍の大兵力について強く批判する。一一月初め、ウィルソン大統領は石井大使に、「兵力数と派遣地域」について注意を勧告した。一一月一六日にはランシング国務長官も石井大使に、「日本軍兵数の過大なるを見て驚愕《きょうがく》禁ずる能《あた》わず」と、抗議文を提出している。ホワイトハウスでは、綿花や鉄鋼など、重要な原料を日本に供給しないことで、経済制裁を加える案すら出た。

アメリカの抗議を受けて、原首相は石井大使を通じて釈明したのみならず、日米協会会長として、アメリカと太いパイプを持つ金子堅太郎《かねこけんたろう》を、ひそかにローランド・モリス駐日大使のもとへ送り、事情を説明させた。金子は、シベリア出兵の兵力は前内閣が決定した過失であること、参謀本部に対しても統制を確立しようと政府は闘っていると説いた。

原もまた、有言実行でアメリカに誠意を示した。田中陸相の兵力削減案に原首相、内田外相、加藤海相が合意する。田中は、チェコ軍団を救出したので、各国の疑惑と、国内では議会の追及を避けるための減兵、と説明している。うがった見方をすれば、すでに主要地点は制圧した、と田中も出兵の成り行きを楽観視していたのかもしれない。いずれにせよ、参謀次長にあったときは、大規模な出兵を工作してきた田中の変わり身の早さには、目を見張るものがある。

なお兵力削減について、田中は参謀本部に相談することなく、事後に伝えた。あらかじめ参謀本部に相談すればさまざまな議論が起こると思ったので、と田中は原に説明している。田中の強気がうかがえる。原内閣による減兵は、シベリア出兵の主導権をめぐる、政府と参謀本部との長い戦いの始まりでもあった。

一二月二四日に原内閣は、シベリアの兵力を約二万六〇〇〇人に減らすと決定した。これを聞いたモリス駐日大使は、「原による参謀本部の反動勢力への勝利」と、好意的にワシントンに報告している(『シベリア出兵の史的研究』)。しかしランシング国務長官は、原に代表される穏健派を力づけるためにも、日本に対して強硬な姿勢を取るべきとの思いを逆に強くする。兵力削減も、アメリカの不信感を払拭《ふっしょく》するには至らなかった。

鉄道を制するものがシベリアを制す

さて、アメリカとの間で争点となったのは、兵士の数ばかりではない。各国の部隊をまとめる指揮権を、どちらが握るのかも問題であった。各国の部隊は、日本が最大の兵力を有し、大谷ウラジオ派遣軍司令官が大将という高い地位にあることから、その指揮権を認めた。しかし、アメリカ派遣軍司令官のウィリアム・グレイブス陸軍少将は、「米軍を日本軍の指揮下に置くという訓令は受け取っていない」と、日本軍の指揮下に入るのを拒否する。アメリカ軍は別行動をとり、共同出兵は名ばかりとなる（「シベリア出兵における軍事関係」）。

さらに、占領したシベリア鉄道と中東鉄道の管理でも日米は争った。なぜ、鉄道がそれほど重要だったのだろうか。

シベリアでは、冬に河川は厳しい寒さで凍結する。そのため、広大なロシアを横断する交通の要が、シベリア鉄道である。シベリアでの内戦は、シベリア鉄道沿線に点在する都市と、それを結ぶ鉄道の争奪戦だったとも言える。また、連合国はウラジオストクに物資を陸揚げし、西に進軍する反革命軍へ供給した。その輸送の大動脈もシベリア鉄道である。鉄道こそが内戦の行方を左右しただけに、どの国が管理するかは重要だった。

一九一八年九月三日、アメリカのモリス駐日大使は、中東鉄道をはじめ極東のシベリア鉄道全線を、ジョン・スティーヴンスの一団に管理させようと日本に提案した。彼らは、大量の武器をウラジオストク港経由でロシアへ援助していたアメリカが、西への輸送が滞るシベリア鉄道の運行を円滑にしようと、一〇月革命前に送り込んでいた技師たちである。

日本は反発する。すでに外務省は、バイカル湖より東のシベリア鉄道を管理しようと、一九一七年に二万八〇〇〇人もの人員を派遣する計画を立てていた。

参謀本部も一九一八年九月の意見書で、アメリカの単独管理案に強く反発した。アメリカの提議があってから間もない九月一八日には、ウラジオ派遣軍で、シベリア鉄道や中東鉄道といった鉄道輸送を担当するため、武内徹《たけうちとおる》陸軍中将を部長とする野戦交通部が設置された。

イギリスや中国の支持も得られず、アメリカのランシング国務長官は折れた。一九一八年一一月一六日に石井駐米大使と会談し、鉄道運営は一国ではなく、国際的、もしくはロシアの管理下でなされることを要望した。アメリカとの協調を重視する原内閣は、この要望を容れた。

一九一九年二月一〇日に成立した日米間の協定で、シベリア東部の鉄道と中東鉄道は、連合国の各代表からなる連合国管理委員会のもとに置かれることになった。だがこの委員会で技術部長となったスティーヴンスとウラジオ派遣軍の諍《いさか》いもまた、日米間の火種となる。

第一次世界大戦の終結

こうして、日本軍がシベリアで展開し終えた頃に、第一次世界大戦が終わる。

ドイツはロシアと講和を結んで、一九一八年夏に西部戦線で大攻勢に出たものの、この年から新たにアメリカ軍二〇〇万人を投入していた連合国の防衛線を打ち破れなかった。そのなかで、無謀な出撃を命じられた水兵たちが起こした反乱が、首都ベルリンにも波及する。ドイツ皇帝ヴィルヘルム二世はオランダへ亡命した。その翌日の一九一八年一一月一一日、新生ドイツの代表団は、パリ近郊で休戦協定に署名した。

第一次世界大戦が終結すると、ソヴィエト政府はブレストリトフスク条約の廃棄を宣言する。一九一九年二月には赤軍がキエフに入り、ウクライナの全域を支配下に置いた。他方、ドイツとの戦争から解放された連合国は干渉を本格化させ、南ロシアから進出を図ったが、動員された兵士たちの拒否などのため、ロシア中央部に進撃できなかった。

もともとシベリア出兵は、ドイツを屈服させようと、ロシアに東部戦線を再建することが目的だった。だがウラジオストクに連合国の軍隊が上陸してから、わずか三ヵ月で目標を見失ったのだ。チェコ軍団の救出という、もう一つの目的は残されていたが、一九一八年九月一日にはすでに、東西に分断されていた軍団は日本軍の援助によって連絡がつくようになっていた（外務省「シベリア出兵の効果」、アジア歴史資料センター、以下JACARと略記：B13080790300）。

それでも、なぜシベリアに出兵し続けるのか。各国の迷走が始まる。

第2章　広大なシベリアでの攻防――一九一九年

1　前線の日本兵たちの戦い――過酷な環境と性病

日本人の膨らむ野心

日本のシベリア出兵がすべて順調に見えた一九一八年夏から翌年まで、多くの日本人がシベリアに野心を馳せた。

たとえば、北一輝《きたいっき》である。彼は、一九三六年に二・二六事件を起こした陸軍の青年将校たちに影響を与え、刑死したことで知られる。青年将校たちを魅了した北の代表作『日本改造法案大綱』は、シベリア出兵に言及している。彼はこの書を、日本軍が東シベリアで覇を唱えていた、一九一九年夏に上海《シャンハイ》で執筆した。

北は書く。日本が中東鉄道を得て北満洲を手に入れ、シベリア東部も手に入れ、さらに内外モンゴルが中国の手によって守られれば、中国と日本はロシアの侵略から身を守ることができる。そのことにより、日本が北方に勢力を伸ばして中国を守り、中国も日本の「前営」となる。平たくいえば、ロシアを共通の敵とする日中提携論である。

北は、チェコ軍団を口実にするからシベリア出兵は敵味方の警戒を受けるとして、堂々とレーニンに、「極東西比利亜の割譲を要求すべし」とも主張した。

田鍋安之助《たなべやすのすけ》が書いた、『西伯利亜出兵の善後策』も野心に満ちたものであった（JACAR:B03030234000）。田鍋は医師で東亜同文書院常任理事も務め、のちにアフガニスタンと日本の国交樹立に貢献した人物である。一九一八年一〇月の日付が入ったこの冊子は、方々に配られた。

田鍋は説く。ザバイカル州まで占領し、チェコ軍団とも連絡がついたいま、日本軍はシベリアで自由に動くことができる。これから、日本は四点で「出兵の効果を収め」なくてはならない。第一に、シベリアで、アメリカが鉄道や鉱山の利権を独占するのを「打破」し、列国に開放して、自由に経済的活動をできるようにする。第二に、中東鉄道を日本に譲渡させ、北満洲からロシアの影響力を一掃する。第三に、モンゴルでもロシアの影響力を一掃し、代わって日本がモンゴルの「保護者」となる。第四に、ザバイカル州よりも東は、ロシア人の親日派に統治させる。

北や田鍋の意見は、シベリアを手中に収めようとした日本人の、夢幻の一表象である。

防寒具を着込んだ日露鉄道守備隊　真冬にはシベリアの寒さは零下40度にもなり，各国軍を悩ませた

凍える兵士たち

シベリアに野心を抱く者たちが妄想を膨らませていた頃、前線の兵士たちは過酷な環境にさらされていた。

シベリアに駐留した兵士たちを悩ませたのは、寒さと、食料や日用品の欠乏、それに、抵抗する非正規軍パルチザンの襲撃であった。

最初にシベリアに出征したのは、旭川の第七師団を除くと、福岡や名古屋の、極寒とは無縁の部隊であった。そのことも、冬の作戦を困難にした。

ロシアの秋は早い。シベリアに日本軍が展開し始めた八月は、日本の感覚では盛夏だが、ロシアでは秋の訪れの季節である。一〇月ともなると、気温も零下は珍しくない。参謀本部が編んだ、シベリア出兵の国民向け戦史は、厳冬の寒さを次のように伝える。

一番寒い日にはマイナス四〇度から四五度になる。このくらいになると、卵・野菜・肉・酒など、水分のあるものはすべて凍る。行軍などでは米の飯が凍り、水筒の水も凍るから、パンのほかは食べることができない。また、呼吸によって出る水分で眉毛や口ひげが凍り、さらに寒くなるとアゴが凍って、話などできない。もし手袋でも脱ごうものなら、一〇分もたたないうちに手首が痺《しび》れてしまう。たとえ手袋をしていても、少しでも破れていると、その部分だけが凍傷にかかる。耳と鼻は血のめぐりが悪い。そのため、いつも凍傷にかかる。また野外の睡眠はもちろん、長時間の静止も不可能だ。

また、冬には井戸水が凍るため、水の確保にも兵士たちは頭を悩ませた。場所によりけりだが、日用品の不足も深刻であった。第三師団に従軍して、ザバイカル州のチタに入った記者は、菓子の販売に殺到し、故郷への便りを書く紙すら足りない兵士たちの様子について記している。

パルチザンとの闘争

日本の指導者たちは、シベリア出兵はロシア人を助ける、人道的な試みだと公言していた。外相だった後藤新平は、出兵が決まると、財界のシベリア進出を促すため、臨時西比利亜経済援助委員会を組織した。委員会は外相の監督下に置かれ、財界のリーダーたちが委員となる。一九一八年八月二一日の初会合で後藤は、シベリア出兵は「単に討伐侵略を事とするものとは全然其《そ》の性質を異にする」、「新しき救世軍」であると説明した。

また原首相も、党機関誌『政友』で、「日本軍の到る処《ところ》、徳を以《もっ》て、其《その》地方の人民に喜ばれると云《い》う状態にある事を希望する」と記した。

しかし多くのロシア人にとって、日本軍の到来は災厄《さいやく》に過ぎなかった。

一九一九年に入ると、日本軍と反革命派のコサックによる、パルチザン討伐の共同作戦が本格化する。日本軍が上陸した前年八月から、革命家たちは正面から戦うことを避け、各地に潜伏しながら戦う道を選んだ。彼らをまとめてパルチザンと呼ぶ。外国軍による占領に憤った住民たちも協力し、シベリアの被占領地域では、ひそかにパルチザンの根拠地の建設が進められた。

パルチザンは、兵力と装備に勝る日本軍など外国軍が占領する都市部や、警備の手厚いシベリア鉄道からは離れた森や村落に潜んで、ゲリラ戦を挑んだ。そこで、パルチザンの根拠地と見られた農村を日本軍が襲撃し、その報復としてパルチザンが日本軍を襲撃する、負の連鎖が生まれた。

なかでも、パルチザンと日本軍の戦闘がもっとも激しかったのが、シベリア東部のアムール州である。たとえば、アムール州マザーノヴォ村では、一九一九年一月一〇日に日本軍守備隊がパルチザンに襲撃され、壊滅した。応援の日本軍は村を奪還した。その際、マザーノヴォ村を襲撃したパルチザンの根拠地はソハチノ村であると見当をつけ、「懲膺《ちょうよう》の為《ため》過激派に関係せし同村の民家を焼夷《しょうい》」した。パルチザンに関係している村をこらしめようと、民家を焼いたのである（『西伯利出兵史』上巻）。

田中大隊の全滅

討伐部隊がパルチザンを追い詰めようとして、逆に地形を熟知するパルチザンに包囲されることもあった。その代表例が田中大隊の全滅である。この事件は、一九一九年二月二五日から翌日にかけて、田中勝輔《たなかかつすけ》陸軍少佐率いる大隊（第一二師団歩兵七二連隊第三大隊、大分）が数名の負傷者を除いて、全員戦死した事件である。

事件は、アムール州を横断するシベリア鉄道のユフタ駅付近で、パルチザンを討伐中に起こった。

まず二月二五日の夕方に、香田驍雄《こうだたけお》陸軍少尉の指揮する小隊が偵察に送り込まれる。少数の敵が見えたので、ある村に突入したが、罠だった。村に潜んでいた大軍に包囲されて、四四名が戦死、四名が負傷して全滅した（うち一名ものちに死亡）。香田小隊の救援に向かった大隊の主力は、翌朝に包囲され、負傷して自刃した田中少佐を含め一五〇名が戦死した。

その翌日、田中大隊の捜索に向かっていた西川達次郎《にしかわたつじろう》陸軍大尉の率いる中隊（砲兵第一二連隊第五中隊、善通寺《ぜんつうじ》）と、森山俊秀《もりやまとしひで》陸軍中尉の小隊（歩兵七二連隊）も包囲されて、一〇七名が戦死、負傷者五名を出した（『西伯利出兵史』上巻、『大正七八年浦潮派遣軍第十二師団忠勇美譚』）。応援にかけつけた部隊が次々に包囲殲滅《せんめつ》される、負の連鎖だった。

事件直後の二月二八日に、第一二師団の大井師団長は山県有朋へ送った手紙で、「兵は力《ちから》至《いた》って薄弱、討伐隊は所々《ところどころ》苦戦」と、兵士に責任を押しつけている（『山県有朋関係文書』第一巻）。

苦戦の背景

責任は兵士にはない。そもそも、第一二師団は担当する地域が広すぎ、兵力が分散していたからだ。

日本軍は、ウラジオストクからハルビンを経て、チタへと至る中東鉄道とシベリア鉄道沿いに、兵力を重点的に配置していた。これに対し、沿海州を北上して、アムール州を横断し、ザバイカル州へと至るシベリア鉄道本線（ウスリー線とアムール線）については、その価値を低く見ていた。そのため、第一二師団のみで、アムール州と沿海州の広大な領域を担当することになった。さらに、第一二師団は原内閣の減兵に伴い、予備兵の召集を解除して、兵力が半減していた。そこに生じた隙《すき》を突かれた。

あえて積極的に打って出た、第一二師団の戦術にも問題があった。

同じ頃、ザバイカル州を担当した第三師団では、積極的に打って出ずに、ロシア側から要請があってから出動する、と師団長の大庭二郎《おおばじろう》陸軍中将が命じていた。討伐をするにしても、セミョーノフ軍を前面に出したことで、被害を軽くしている（「共同出兵から単独出兵へ」）。

事件は日本側に衝撃を与えた。参謀次長の福田雅太郎《ふくだまさたろう》陸軍中将がこの件を上奏したところ、大正天皇は「ご熱心に御聴《おき》き取りありて後《のち》」、「部隊の全滅に至るまで一同能《よ》く奮戦《ふんせん》したるを嘉《よみ》」すとねぎらった。かたわらで侍立していた侍従武官の四竈孝輔《しかまこうすけ》海軍大佐は、「部隊の全滅は戦争中稀《まれ》に起る現象」と、驚きを記している（『侍従武官日記』一九二〇年三月六日）。

しかし、原内閣はパルチザンを討伐する方針を変えなかった。田中陸相は、従来どおり「過激派に反対するの方針を取るべし」と提議した。閣僚たちも同意する。原もまた、「目下に於《おい》ては外《ほか》に取るべき手段なし」と認めた（『原敬日記』一九一九年二月二六日）。

ひとり、内田外相はこのような方針に異議を唱え、討伐はなるべくロシアの反革命軍に任せるよう提案書を書いたが、田中陸相に見せただけで、閣議への提出を控えた。もし、三月一二日のこの案が閣議を通っていれば、次にあげる惨事も避けられたかもしれない。

イワノフカ村の「討伐」

田中大隊の全滅後、第一二師団は名誉回復のため、師団をあげた「大討伐」に乗り出す。日本軍は、パルチザンと住民を明確に区別できず、住民すべてを敵視しがちとなっていた。そのため「大討伐」は、パルチザンではない住民たちにとっても過酷なものとなる。

このような「討伐」が展開されていることは、衆議院でも取り上げられた。一九一九年三月二〇日に、野党、憲政会の小寺謙吉《こでらけんきち》議員が「外交に関する緊急質問」で政府を追及する。「強《しい》て過激派の如き者を討伐し、或《あるい》は又過激派に非《あら》ざる者も過激派として、強て討伐して居《い》ると云《い》うことが今日の実際であります。〔中略〕哥薩克《コサック》に非《あら》ざるものは、総《すべ》て過激派の如く解釈を致して居るのである」。

しかし、原内閣を支える政友会の議員が、明確な証拠を示せ、と反論したため、小寺は発言の撤回に追い込まれている。

論戦から間もない三月二二日、日本軍による大規模な「討伐」が行われた。この日「討伐」されたのは、ブラゴヴェシチェンスク近郊のアムール州イワノフカ村である。日本軍は女性や子どもらを含む村民を襲撃した。

アムール河対岸の中国領を守備する黒河《ヘイホー》守備隊（第七師団）も、第一二師団長の指揮下に置かれ、事件の翌日にイワノフカ村に向かう。守備隊は「二三日午前『イワノフカ』村を包囲し、過激派二七名を射殺し、附近の敵を全く掃蕩《そうとう》」した（第七師団参謀部の記録「戦時旬《せんじじゅん》報《ぽう》」、JACAR: C14030416800）。

二日続けて、イワノフカ村周辺は容赦なく「討伐」された。ここまで徹底したのは、見せしめである。「討伐」の直後、第一二師団歩兵第一二旅団（福岡）の旅団長である山田四郎《やまだしろう》陸軍少将は、イワノフカ村が「過激派」の「巣窟」であったとの宣言を出した。日本軍に敵対しようとする村落は、ことごとくイワノフカ村と同じ運命にあうことを覚悟せよ、と脅している。

犠牲者数ははっきりしていない。一九二〇年二月にアムール州のロシア紙が報じたところによれば、ロシア人の犠牲者数は二九一名だった（『シベリア出兵』）。のちに、「軍備縮小同志会」という日本国内の平和団体に陸軍が回答したところでは、三月二二日のイワノフカ村での死者は約一〇〇名、翌日には周辺で約一〇名が「掃蕩」されたという（『日外』大正一三年第一冊）。

いずれにせよ、イワノフカ村の「討伐」は、村民を巻き込んだ大規模なものであった。現在、イワノフカ村には、この事件の犠牲者と、日本人のシベリア抑留者をともに慰める記念碑が建立されている。

ゲリラ戦に翻弄される日本軍

第一二師団長の大井成元は、事件後の一九一九年四月一〇日に、所属部隊へ注意を与えた。たとえ武装する「過激派」でも、将校の許可なく殺戮してはならない。人家はやむをえない場合を除いて、絶対に焼いてはならない。「過激派」すなわちボリシェヴィキは敵でも、彼らに徴兵された農民などは「第二の敵」である。「我軍は過激派軍を敵とするも露国民衆を敵とするものにあらざればなり」（『西伯利出兵史』上巻）。

こうした訓示に、どこまで効果があったのかは疑わしい。しかし、前線の行き過ぎに、師団司令部も黙っていられなくなったのはわかる。

その後も、前線では日本軍とパルチザンのいたちごっこが続く。一九二〇年三月に陸軍一等鍛工長《たんこうちょう》の武田長七は、その様子を雑誌『陸奥《むつ》の友』の記者にこう書き送った。

> 若干の秩序あると見た露軍隊［ロシアの反革命軍］は直《す》ぐに又《また》過激化して我《われ》の敵となり、過激派と目《もく》されて居《い》たものが今度は我が軍に和《わ》して共同動作を取ったり千変万化《せんぺんばんか》である。［中略］極寒になるに従って彼等《かれら》［パルチザン］は糧食が欠乏するし又日本軍が寒気に充分働けないから此《この》時期に於《お》いて勢いを盛んにする。鉄橋は破壊される、電信は切られる、貨車が転覆《てんぷく》される。切歯扼腕《せっしやくわん》しても兵力の足らんのと地域の広いのに如何《いかん》とも出来ない。兵士は全く不安な暗黒な物騒な無味な心で居《い》る。（『青森県史 資料編 近現代三』）

大井成元

パルチザンは、日本軍がシベリア全土に散ったところを狙って、ひそかに兵力を集中させた上で、施設を破壊したり、日本軍が少数なら奇襲をしかけた。勝利すると、ただちに撤退してしまうので、捕捉するのは難しい。

第一次世界大戦のヨーロッパにおける戦場のように、正規軍と正規軍が正面から対峙するのとは異なるシベリアの戦場に、日本軍は翻弄されていた。

軍規の弛《ゆる》みと買春

先の見えない戦いのなかで、兵士たちのモラルは低下していった。その内情を、兵士たちを監視した憲兵司令部は次のように振り返る。一九一九年六月頃から翌年にかけては、アムール州や沿海州の北部で「過激派の跳《ちょうりょうばっこ》梁跋扈甚だしく」、兵士たちは「多大の辛酸を嘗《な》め志気《しき》亦《また》緊張」していた。だが、と報告書は続く。

一方に於ては、挙動粗慢《そまん》に流れ、慰安を酒色に求めんとするの風《ふう》あるは自然の趨勢《すうせい》にして、皇軍［日本軍］の各駐屯地に従い、日本醜業婦《しゅうぎょうふ》の移住亦《また》盛んにして、急造の料理店は随所に建設せられ、脂粉売笑《しふんばいしょう》の婦女は至る所に彌漫《びまん》して、将卒唯一の慰安提供するの観あり。

（「大正八年中沿黒龍隊管内」『西伯利出兵憲兵史』）

文中の「料理店」とは、売買春が行われる場所である。日本軍の駐屯するシベリア各地には、こうした「料理店」が乱立した。

シベリア出兵が始まる前から、ウラジオストクなどシベリア各地では、売春を生業とする、いわゆる「北のからゆきさん」は多かった。さらに出兵が始まってから、日本人女性たちも仕事を求めてシベリアに向かう。同じ頃、外務省は東南アジア各地での日本人女性の売春を取り締まっていただけに、「需要」が急増するシベリアは格好の稼ぎ場となった。

参謀本部の軍事偵察隊の一員としてシベリアに渡った栗山東三一等兵は、日記にブラゴヴエシチェンスクの様子を次のように記している。

「市の南東部にベシメンナヤ街と称する町あり。日本の遊女屋二十余戸軒《のき》を連ねて、他に露人の遊女屋三、四それに混じて、一遊郭街をなせり。娼妓《しょうぎ》の数、日本女二百なりと。大部分九州天草女《あまくさ》なり」（『酷寒の黒竜江をゆく』一九一九年三月一四日）。

第一二師団の松尾勝造《まつおかつぞう》上等兵によれば、買春の値段は「滅法高価な由《よし》だが、それでも明日をも知れぬ我命《わがいのち》だとて、兵隊は此処《ここ》に遊びに行く」（『シベリア出征日記』一九一八年九月五日）。別の日付の日記では、料金は一時間で日本円にすると四円であると記されている。これは当時の給与の約四〇日分にあたる。しかしそれでも、将校も兵士も人目を忍んで通いつめた（同前一九一九年五月一四日）。

広がる性病

松尾上等兵の日記には、梅毒という性病の記述もある。

「病院にはいろいろの患者のいるうち、三分の一は梅毒（カサ）患者である。どうして罹《かか》ったかを聞くに、ハバロフスク、ザビタヤ（当地）、ブラゴエ、ポチカレオ等に天草女の売春婦、ロシア女の淫売《いんばい》が沢山《たくさん》いる。それを買ってこの梅毒に見舞われたと語っている」（『シベリア出征日記』一九一九年五月一四日）。

これまでは、シベリア出兵の特徴として、兵士たちの性病感染率の高さが指摘されてきた。だが、反証もある。シベリア出兵の公式統計によれば、一九一八年八月三日から二〇年一〇月三一日までの総患者数は、一〇万六三三三人だった。そのうち「花柳病《かりゅうびょう》」、すなわち性病の患者数は二〇一六人で、全体のわずか二パーセントに過ぎない（『西伯利出兵衛生史』第五巻、JACAR: C13110203500）。

第6章で触れるが、多くの兵士たちを苦しめたのは別の病気だった。ただし、戦場での負傷と違い、性病は不名誉だった。松尾上等兵は、梅毒を「軍隊では、三等症として最大恥辱」（『シベリア出征日記』一九一九年五月一四日）と記している。そのため、申告しなかった者も多いだろう。

一九二〇年から日本軍の遠征が始まる北サハリンでも、性病患者は少なくなかったが、憲兵司令部は、将兵の相手をする女性の性病感染率が高いのを原因とした。これは詭弁《きべん》である。要するに、将兵と女性の双方で、性病が蔓延していたということだ。そこでサハリン州派遣軍参謀長兼軍政部長の津野一輔《つのかずすけ》陸軍少将は、「芸妓《げいぎ》」、「酌婦《しゃくふ》」は憲兵隊の許可制にし、憲兵隊の指定した健康診断も義務づける規則を、一九二〇年九月に設けた。

こうした軍による女性の管理を、のちの戦争における「従軍慰安婦」と結びつけて論じる研究もある（『従軍慰安婦』、「シベリア出兵時における日本軍と『からゆきさん』」）。シベリア出兵での経験が「活用」されたのかどうかは、なお詳細な研究を待ちたい。

2　反革命コルチャーク政権の樹立

コルチャークとは何者か

日本軍がパルチザンに手を焼いていた頃、それまで日本が重視していなかった軍人が突如、シベリアを掌握する。アレクサンドル・コルチャーク海軍中将である。

ロシアでは、一九九一年のソ連崩壊後に歴史の見直しが加速し、多くの秘蔵史料も解禁されたことで、反革命派のリーダーたちも再評価が進んでいる。なかでも、コルチャークはもっとも人気がある。野武士を思わせるコサックの指導者たちとは違う、端正な顔立ちが、洗練されたイメージを醸し出すのもその一因だろう。二〇〇八年には、コルチャークを主人公とする映画『アドミラル』（邦題『提督の戦艦』）もロシアで封切られた。

アレクサンドル・コルチャーク（1873〜1920）　ロシア帝国の海軍軍人．1918年11月にシベリアで政権を掌握．一時はモスクワ攻略を夢見たが，赤軍に敗北し，20年2月に銃殺される

コルチャークは海軍軍人の家に生まれ、北極海の探検で名を馳せ、水雷艇長として日露戦争にも従軍した、生粋の海軍育ちである。彼は一九一七年の二月革命の際には黒海艦隊司令長官であったが、革命で高揚した水兵の要求で、同

年六月に辞任に追い込まれた。

臨時政府によりアメリカに派遣されたのち、帰途の横浜で一〇月革命の報に接した彼は、当初はイギリス軍に従軍するつもりだった。だがロシア帝国の駐華公使だったニコライ・クダーシェフの招きで、ハルビンに行き、中東鉄道の軍事担当理事として、ホルヴァートに力を貸すことになる。この職務を務める間に、参謀本部から派遣されていた中島正武少将やセミョーノフと対立し、日本軍からは煙たがられた。

コルチャークは、ホルヴァートにはボリシェヴィキ打倒を託せないと見限り、一九一八年一〇月に東京に戻った。彼に手を差し伸べたのはイギリスだった。その後ろ盾を得てコルチャークは、シベリアのオムスクにある「全ロシア政府」の陸海軍大臣に就任した。

コルチャーク政権の樹立

この「全ロシア政府」は、ウラル地方の中心都市サマラで設立された反革命政権と、オムスクのそれとの寄り合い所帯で、内紛を抱えていた。さらに、左派の閣僚と右派の将校たちも対立していた。

将校たちは、八〇〇名のイギリス軍を率いてオムスクに駐屯する、アルフレッド・ノックス陸軍少将の支持を取り付け、クーデターを計画した。これに先立ち、イギリス政府は一一月一四日に、打倒される「全ロシア政府」を正式な政府として承認する閣議決定をしていたのだが、現地軍と政府で方針にすれ違いが生じたのだ。

一九一八年一一月一八日、将校たちが決起《けっき》した。コルチャークはこのクーデターには関与しなかったと死の間際に証言しているが、彼こそ首謀者だという説も根強い。

クーデターは成功し、コルチャークは将校たちに推されて、「全ロシア最高執政官」に就任した。「全ロシア軍最高総司令官」も兼ねたコルチャークは、政府と軍を握る独裁者となった。コルチャークは就任に際し、軍隊の建設、共産主義に対する勝利、法秩序の確立を三本柱に掲げた。この新政府は「オムスク政府」と呼ばれるが、本書ではコルチャーク政権と記す。

コルチャークはシベリア鉄道の分岐点であるオムスクを拠点に、モスクワへ進軍しようとする。コルチャーク軍の士気は高かった。一九一八年一二月には、ウラル山脈を越えてペルミを陥落させ、ソヴィエト政府をあわてさせた。翌年春には、コルチャーク軍は一三万人以上に膨れ上がり、兵員も装備も赤軍を上回っていた。コサックの支援を得て、特に騎兵が優れていたという。

コルチャークを支援するのか、傍観するのか、日本は決断を迫られる。

コルチャーク支持へ傾く日本

そもそもセミョーノフやホルヴァートを支援してきた日本にとって、コルチャークの台頭は想定外だった。それだけに、コルチャークの扱いは悩ましい問題となる。

ウラジオ派遣軍司令部は、セミョーノフやホルヴァートを支持し続けることを望んでいた。これに対し、参謀本部は一九一八年一一月二二日に、コルチャーク政権を「全露復興の中堅」に位置づけて、支持を打ち出した。

田中陸相は、両者とはやや異なる意見を持っていた。一九一九年一月二六日の外交調査会で示した構想では、日本軍はバイカル湖よりも東にとどまって自治体を組織し、バイカル湖以東を緩衝地帯とする。バイカル湖以西には、セミョーノフなどコサックを派遣することによって、英仏からの疑いを招かないようにするという（『翠雨荘日記』）。要するに、日本軍を西へと派兵せず、シベリアの自治政権を支えることに徹するというものだ。

一九一九年一月二七日に閣議決定した「対露方針要綱」は、そうした多様な意見を反映した玉虫色の案である。シベリアには、秩序維持の責任を担う統一政府の出現を望み、これまで支援してきたコサックも、その「統一政府」に「合体」させるとした。日本はソヴィエト政府との交渉は望まず、代わりに、自国との有利な協定に持ち込める独立政権がシベリアで樹立されるのを希望していた。その目的が達成できれば、「統一政府」がコルチャーク政権になろうと構わない。

コルチャーク政権への接近は、財界も望んでいた。臨時西比利亜経済援助委員会の早川千吉郎《はやかわせんきちろう》（三井銀行理事）、木村久寿弥太《きむらくすやた》（三菱合資会社総理事）の両委員は、原内閣にコルチャーク政権の承認を迫った。財界は、第一次世界大戦の好景気で生み出された余剰資本の投資先として、シベリアを有望視していた。

孤立したセミョーノフ

勢いにのるコルチャークに、シベリア各地の反革命派もなびいてゆく。ホルヴァートは早々にコルチャークに恭順した。コルチャークは彼に、沿海州・アムール・サハリン・カムチャツカの四州と中東鉄道沿線を管轄する、「極東最高代官」という役職を与えた。

他方で、セミョーノフはコルチャークの権威を認めなかった。その代わり、ブリヤート・モンゴルの血を引く彼は、モンゴル人の独立願望を利用し、コルチャークに対抗する独自の勢力を育てようとする。

モンゴルの各地域の代表一四名とセミョーノフ、駐留する日本の第三師団からも将校が列席し、一九一九年二月二五日から三月七日まで、ザバイカル州のチタで大会が開かれる。大会では、モンゴル人の信仰を集める、内モンゴルのチベット仏教の生き仏（活仏）が担ぎ出され、大モンゴル国臨時政府の首班に据えられた（「大モンゴル国臨時政府の成立」）。

この政府樹立は、日本が主導したように論じられるが、モンゴル人の民族自決を求める運動に、セミョーノフが合流したのが実態に近い。だが、モンゴル人の間で求心力のある、外モンゴルの活仏ボグド・ハーンは、大会に書簡を送っただけで、積極的ではなかった。足元の内モンゴルからも離反者が出て、この政権は実質を伴わずに終わる。

原内閣は、早くも一九一九年三月六日に、この運動に関与しないことを閣議決定している。四月一二日にも、外務省の埴原正直《はにはらまさなお》政務局長が、この運動にはセミョーノフも日本陸軍の軍人も参加しておらず、政府は参加する日本人も厳重に処分する、という談話を発表した。モンゴル独立を望まない中国に、日本が疑いをかけられないようにするための弁明であろう。何かにつけ内閣の足を引っ張るセミョーノフを持て余し、原首相は彼をヨーロッパ・ロシアの戦線に出張させることを閣議で提案している。田中陸相もセミョーノフを嫌っていた。田中は一九一九年四月三〇日の外交調査会で、セミョーノフといえども、コルチャークに反抗するなら支援を打ち切ると明言した。

汎モンゴルの運動は失敗し、原内閣にも冷たくされ、ついにセミョーノフも折れた。オムスク特務機関などの仲介で、一九一九年六月にコルチャーク政権の第六東シベリア軍団長に任じられる。こうしてシベリアの反革命勢力は、コルチャークのもとに結集した。

日本のコルチャーク政権承認

イギリスなど連合国の武官たちの協力のもと、コルチャーク軍は一九一九年三月四日に大攻勢を開始した。三月一〇日には、この年の初めに赤軍に奪われていたウラル地方の中心都市、ウファを奪還した。勢いに乗るコルチャークは、一ヵ月後にはモスクワを占領する、と豪語した。四月には、ヴォルガ河畔の都市カザンやサマラへ八〇キロにまで迫った。

シベリアの小麦とウラル地方の工業をコルチャークに奪われ、ソヴィエト政府は存亡の瀬戸際に立たされた。前線の危機のために、三月にモスクワで開催された第八回共産党大会に、トロツキーは欠席している。この大会では、ロシア帝国の将校を積極的に採用してきたトロツキーの方針が、厳しく批判された。トロツキーはすべての職務を辞することを申し出たが、レーニンに慰留されている。

日本も、コルチャークの快進撃を目の当たりにして、彼を柱にシベリアに独立政権を樹立する方向へ舵を切る。一九一九年五月一七日に開かれた外交調査会で、コルチャーク政権承認が決まった。

内田外相は、各国に先駆けて正式に承認すれば、シベリアの「富源の開発」に参入できる見通しがあることや、中東鉄道の一部譲渡や漁業権といった、ロシア帝国との間で懸案だった案件も、承認と引き換えに交渉できるとした。

それまで出兵規模の縮小に尽くしてきた田中陸相も、コルチャークへの期待を膨らませ、その方針を転換した。ヨーロッパ・ロシアで反革命軍が勢いづくいま、コルチャーク政権を承認すれば、「過激派」にさらに痛苦を与えると主張する。さらに田中は、コルチャーク政権を承認した以上、バイカル湖より西への援軍の要請があれば、断るべきではないとも述べた。

内田外相の推薦で、コルチャーク政権への特命全権大使には、貴族院議員の加藤恒忠《かとうつねただ》が就任した。加藤は俳人、正岡子規《まさおかしき》の叔父である。原首相とは司法省法学校の同窓生で、ともに学校当局と戦って退学処分となった。無二《むに》の親友を派遣した原の、コルチャークへの期待がうかがえる。加藤大使はオムスクへ一〇月に赴任した。正式な外交関係の樹立に伴い、この年にはハバロフスク、イルクーツク、ブラゴヴェシチェンスクなど、コルチャークの支配地域で日本の領事館の開館が相次いでいる。

列強のコルチャーク支援

コルチャークがシベリアを席巻していた頃、パリでは第一次世界大戦の講和会議が開かれていた。一九一九年一月一八日に始まった講和会議では、ロシア問題も大きな争点だった。イギリスのロイド＝ジョージ首相や、アメリカのウィルソン大統領は、この講和会議にロシアで対立する両勢力の代表も招待しようとしたが、フランスのステファン・ピジョン外相は、ボリシェヴィキのような「犯罪的政権」とは、いかなる協定を結ぶことも拒否するとして、この案は実現しなかった。

ウィルソン大統領は、なおもロシア内戦の調停に希望をかけていた。側近をソヴィエト政府の外交官マクシム・リトヴィノフと会談させた結果、レーニンたちは連合国との協調を考えている、と大統領は判断する。大統領は各国を説得し、ロシアの各勢力の代表者たちを、マルマラ海のプリンキポ島に招く招待状を送ることが、一九一九年一月二二日に決まった。ソヴィエト政府は会議への参加を表明した。だが、コルチャークら反革命派は拒否した。

調停の失敗を受けて、ウィルソンはアメリカ国務省から、コルチャーク政権承認を重ねて求められる。「被統治者の同意」を重視するウィルソンは、民衆の支持なく、クーデターで権力を握ったコルチャークに否定的で、その承認を先延ばししてきたためである。

フランスのクレマンソー首相をはじめ、反革命派を応援する政治家も、ウィルソンの説得を試みる。また日本も、コルチャーク政権を承認するよう英米仏伊に提議する。

ついに、アメリカも足並みをそろえた。一九一九年五月二四日、日米英仏伊の首脳会議は、条件つきながら、コルチャーク政権を支援する決議を採択した。コルチャークがもろもろの条件を受諾したため、軍需品などの支援が決まった（『日「ソ」交渉史』）。

正式な承認には至らなかったものの、コルチャークは列強の支持を取り付けた。だが時を同じくして、彼の足元では、軍が急速に崩壊しつつあった。

3　赤軍の反撃——レーニンによる処刑指示

失政

コルチャークのつまずきは、まず、その内政の不手際にあった。

コルチャーク政権は、革命勢力が進めていた企業の国有化を解除した。だが内戦下では、生産活動の崩壊に歯止めをかけることができなかった。財政も混乱する。ロシア革命前、日本円一〇〇円は九六ルーブルであった。しかし、ルーブルは下落し続け、一九一八年九月には、一〇〇円につき六四二ルーブルを記録した。ルーブルが価値を失い、物価が数倍に上昇する。新しい通貨(オムスク紙幣)も発行されたが、抜本的な解決にはならない。

厳しい統治でも民心が離れた。一九一九年三月中旬から、シベリア鉄道沿線に戒厳令が施行されたほか、検閲はむろん、令状なしの逮捕、裁判抜きの銃殺は日常茶飯事となる。なかには、日本軍を真似て、パルチザンに協力的と見られた村落を焼く部隊もあり、徴兵と合わせて住民の反感を買った。

大井司令官の内政改革案

内政の荒廃は、ウラジオ派遣軍司令官に転じた大井成元にも頭痛の種だった。大井は、一九一九年九月三〇日に上原参謀総長に送った「対西伯利策案要綱」で、あらゆる職業や階級のロシア人を結集した「諮詢《しじゅん》機関」を作り、議会政治へ移行させることを提案した。さらに、食料も衣服も足りないロシア人に、積極的に日本が援助を与えることも訴える。大井には、こうした内政上の課題を克服しなければ、ロシアを救済する目的は達せられない、という危機感があった(『上原勇作関係文書』)。

大井司令官はオムスクへ向かう加藤大使とともに官邸を訪れ、原首相に直訴した。大井によれば、反革命軍は物資不足だから住民を襲い、住民が過激派に走る原因となっている。そこで、反革命軍に日本軍が軍需品を与えることを提案し、田中陸相の同意を取り付けた。

かつて大井は、第一二師団の師団長として、パルチザン掃討の陣頭指揮を執った。その彼が、民意を汲み取る機関を設立することや、物資を与えることで、民衆の支持を獲得し、彼らをパルチザンから日本軍へ引きつける戦術へ転換させようとした。

だが、肝心のコルチャークが内政に無関心だった。敗勢が濃くなっていた一九一九年一〇月に、内政に配慮するように進言した官吏へ、こう言い放つ。

「私は、自分に高い、つまり、赤軍を壊滅させるという目標を掲げてきた。私は最高司令官であり、改革には関心がない」(『ロシア革命史』)。統治の要《かなめ》が民心にあり、民心の安定こそが軍事的な成功の下地となるのを、ついにコルチャークは理解しなかった。

反撃に転じた赤軍

さらにソヴィエト政府の必死の反撃が、コルチャークを追い込む。

ロシアの共産党中央委員会は一九一九年四月一〇日、「東部戦線の支援に全力を挙げよ!」というスローガンを打ち出した。レーニンは、冬までにどうしてもウラル地方を奪回しなければ、「革命の破滅は不可避と考える」と悲壮な激励をしている。

コルチャークを迎え撃つ赤軍は、兵士の不足に泣かされていた。コルチャーク軍と対峙する赤軍第二軍の政治委員であったスルタンガリエフの回想によると、当時の第二軍には、数百人はいるべき一個連隊に四〇人から五〇人しかおらず、コルチャークの攻勢の前に一週間と持つまい、と見られていた。

実際、コルチャークの主力を引き受けるウファの戦線に、赤軍は四月中旬にはわずか二万四〇〇〇人しかいなかった。しかしソヴィエト政府は、二〇歳から二九歳の男性を徴発する総動員令を発する。モスクワなどの主要都市では、残された家族へ食料などを与えることを条件に、労働者や大戦を戦った古参兵が大急ぎで集められ、ウラル地方の戦線へと送られていった。五月末には、コルチャーク軍と対峙する東部戦線に、三四万一四二四人もの兵士が集められた（*Civil War in Siberia*）。人口の多い地域を支配するソヴィエト政府が有利な、人海戦術である。

東部戦線を任されたミハイル・フルンゼは、五月二五日からウファ奪回の作戦に打って出た。フルンゼ自身も重傷を負うほどの激戦を経て、ついに六月九日、ヴァシーリー・チャパーエフ率いる赤軍第五軍第二五師団が、奇襲攻撃でウファを奪回した。これが、シベリアにおける内戦の天王山となった。

止まった生命線

コルチャーク軍はウファ失陥を境に、東へと後退してゆく。赤軍はコルチャークを追って拠点を奪取するたびに、寝返った兵士や多くの戦利品で強化されていった。反比例して、コルチャーク軍はますます弱体化する。大攻勢の開始からわずか五ヵ月後の八月までに、兵力は五万から六万人程度にまで減ったと見積もられている。

このような状況下で、コルチャークの死命を制したのが鉄道員たちである。

日本や欧米各国からの支援物資は、ウラジオストクの港からシベリア鉄道を経由して、コルチャークの指揮するシベリアの最前線に送られる。したがって、シベリア鉄道が止まることはコルチャーク軍にとって致命的であった。

事実、ボリシェヴィキの指導した一九一九年夏のウラジオストクやハルビンのストライキで、それは現実のものとなった。対策としてコルチャーク政権は、「極東最高代官」のホルヴァートを七月一〇日に解任し、代わって、民衆への無慈悲な弾圧で知られるセルゲイ・ローザノフ将軍を据えた。

しかし事態は好転せず、コルチャーク軍に物資を供給するシベリア鉄道は、赤軍に追われて西から逃れてくる難民と、鉄道員のストライキで、ほとんど動かなくなってしまった。

満蒙を守りたい参謀本部と陸相

コルチャーク軍は急速に崩壊する。そんななか、一九一九年七月一六日にはコルチャーク政権から、二個師団の日本軍の援軍要請があった。しかし閣議決定と外交調査会での決定を受けて、内田外相は七月二二日に要請を拒否した。日本軍はバイカル湖よりも東に行動範囲を限っている、という理由である（『日外』一九一九年第一冊）。

その後も、伝えられる戦況は悪化し、参謀本部は危機感を抱く。八月七日に参謀本部は、日本軍を約一〇倍に増強して、ボリシェヴィキの進出をバイカル湖で阻止し、「極東「露《ろ》領《りょう》」三州」（ザバイカル、アムール、沿海州）から満蒙、朝鮮半島への「浸透阻止」を求めた。だが、この案は財政的に無謀である、と政府に却下される（『両大戦間の日本外交』）。

田中陸相も、このときばかりは参謀本部と思いを同じくした。

田中は、一個師団の追加派兵（増派）を求める意見書「対露政策に就《つい》て」を、八月一三日に外交調査会へ提出した。この意見書も、重視するのは日本の植民地などへの影響である。満蒙は帝国の特殊地域で、日本人が経済的に発展してゆく唯一の地域である。そして「極東露領三州」もまた、満蒙を基礎に、日本が勢力を広げるのに絶好の地域であるとともに、満蒙を防衛する最前線でもある。もし「極東露領」が過激派に蹂躙《じゅうりん》されると、その勢力が満洲、中国全土、朝鮮半島にまで及ぶ。日本本土も被害をこうむり、東洋は騒乱の巷《ちまた》となる。だからこそ、日本はロシアの「穏健分子」とともに、「過激派」を食い止めるべきだ、というのが田中の主張である。

田中の意見書は、まず八月一四日に閣議で検討された。しかし、財政面から反対する高橋《たかはし》是清《これきよ》蔵相と田中が、激しい論戦となる。結局、現在の情況でも、従来の出兵方針を変える必要は認められないと否決された。

翌日の外交調査会でも、田中は増派を要請した。彼は、バイカル湖よりも東の秩序維持を「帝国の任務」とし、日本の自衛のため、この地域に緩衝地帯を設けては、と提案する。しかし、意見は通らない。かえって伊東巳代治に、現在のシベリア出兵と、日本の将来の「自衛計画」とは、まったく別問題だと論破された。原首相は、しばらく成り行きを見守ると言って、二人の争いを収めた。

九月八日には内閣の総意として、対米関係に慎重を期して、当分は現状維持を図ると、大井ウラジオ派遣軍司令官と加藤恒忠大使に訓示された。原首相は、陸軍が一丸となって求める増派要求を押しとどめ、ロシア内戦のさらなる深みにはまるのを避けたのである。

田中陸相をなだめる原首相

追われるコルチャークは、一九一九年一一月一一日に、首都をオムスクからバイカル湖近くのイルクーツクへと東に移した。追う赤軍は、一一月一四日にオムスクを占領する。

田中陸相はこの報を聞き、一一月二一日の閣議でも六〇〇〇名の増派案を提出した。しかし、再び高橋蔵相が財政上の問題を持ち出す。原首相は、とにかくアメリカの意向を打診してみては、と争いを収めた。

内閣に亀裂が入るのを避けようと、原首相は田中陸相に説いた。不要な出兵をして無益の犠牲を払うのか、という国民の非難を受けるのは、物価問題や労働問題で受ける非難とは比べものにならないほど深刻だ。そのため我々としては、自衛上、必要な場所に兵力を集中させて防衛するだけにとどめ、シベリアのことはロシア人が組織する政府に物資を提供しつつ、統治を任せる必要がある。ただし、満洲には必要であれば兵を送る（『原敬日記』一九一九年一一月二四日）。

原は、世論の反発を理由にシベリアへの増派をあきらめさせ、代わって田中が気にする満洲への増派を約束した。田中も、満洲への増派であれば、いつでも国境を越えてシベリアへ派兵できる、と引き下がった。これが、翌年に各国が撤退しても日本軍が増派する、ちぐはぐな対応の伏線となる。

一一月二八日に原内閣は、赤軍に対して攻勢に出ず、現在の守備区域を固守して、赤軍の東進を防ぐことを閣議決定し、外交調査会の承認も得た。やむをえない場合に限り、警備が比較的手薄な場所には増派するという、現状維持を最優先にした方針である（『日外』大正八年第一冊）。

イルクーツクへの派兵

赤軍第三軍と第五軍は、パルチザンと協力して東への進撃を続け、一九一九年一二月にはトムスクを占領、同月末にはコルチャーク政権の新首都、イルクーツクに迫った。

オムスクからイルクーツクへ移っていた加藤恒忠大使は、一二月二五日に内田康哉外相に派兵を要請した。外務省はコルチャークの救援にアメリカの力を借りようとする。一一月末から一二月にかけて、内田外相と幣原喜重郎《しではらきじゅうろう》駐米大使（のち首相）は、ランシング国務長官などにシベリア派遣軍の増強を要請した。しかし、次章で述べるように、すでに撤兵を決意していたランシングは応じなかった。

一二月二四日に、イルクーツクで守備隊の反乱が起こる。イルクーツクへの派兵に慎重だった大井ウラジオ派遣軍司令官も、チタに駐屯する第五師団（広島）に、「居留民保護」のため出兵を命じた。

一九二〇年一月一日、本庄繁《ほんじょうしげる》陸軍大佐が率いる支隊（歩兵第一一連隊第一二中隊）がイルクーツク駅に到着する。この出兵は、上原参謀総長と田中陸相の承認のもと行われたが、バイカル湖より西には出兵しないという、原内閣のそれまでの方針は破られた。

コルチャークの処刑

本庄支隊がイルクーツクに着いた頃には、すでにコルチャークの命運は尽きようとしていた。

一九二〇年一月四日、イルクーツクに列車で向かっていたコルチャークは、下野を宣言する。「全ロシア最高執政官」の称号は、南ロシアで反革命軍を率いるアントン・デニーキン陸軍中将に、ロシア東部の政治と軍事の全権を、セミョーノフ陸軍中将に譲る。その日から翌日にかけて、イルクーツクでは政権が転覆され、街はボリシェヴィキなど左派の支配下に置かれた。だがイルクーツクの本庄支隊は中立を命じられており、動かない。

一月一五日には、護衛のチェコ軍団が裏切り、コルチャークはイルクーツクに誕生した革命政権に引き渡された。もはや、コルチャークに救いの手を差し伸べるものはいない。イルクーツクの本庄支隊は、現地の日本人たちの退去を見届けてから、一月一九日に撤退した。コルチャーク救出に向かっていたウラジーミル・カッペリ将軍が、イルクーツクへの進撃の途上で一月二六日に病死したのも、コルチャークには不運だった。

レーニンは、赤軍の到着前に、あたかも地元の党機関の独断でコルチャークを処刑したように見せかけるよう指示している。そこでイルクーツクの軍事革命委員会は、コルチャークを略式裁判にかけ、二月七日に、コルチャーク政権の内相とともに銃殺した。

赤軍第五軍は三月七日にイルクーツクに入り、バイカル湖より西は、すべてソヴィエト政府の支配下に入った。一年前と形勢は逆転し、このままでは赤軍がシベリアを制覇するのも時間の問題と思われた。各国は、赤軍との衝突を避けようと、撤兵を急ぐ。

第3章

赤軍の攻勢、緩衝国家の樹立——一九一九～二〇年

1　米英仏の撤兵

カナダの撤兵とイギリスの動揺

ロシアに出兵した連合国のなかで、早々に撤兵を完了したのがカナダである。大英帝国の一員であるカナダは、宗主国イギリスの要請により、シベリアとムルマンスクに出兵した。しかし、世論は出兵を非難し、反革命軍が劣勢に立ったことで、派遣軍が危険にさらされるのを政府も恐れた。そこで、一九一九年二月にイギリスの了解を得ると、カナダ軍は四月二一日にはウラジオストクから撤退を始め、六月五日までに大部分が撤兵した。

イギリスのロイド゠ジョージ首相（自由党）もまた、撤兵を望んでいた。ソヴィエト政府と険悪なままでは、かえってロシアという市場を失うというのが首相の考えである。戦争によって打撃を受けたイギリス経済を回復し、ロシアからの小麦の輸入によってパンの値段を

シベリアに出兵した各国の兵士　左からアメリカ，カナダ，イギリス，中国，イタリア，チェコスロヴァキア，日本

下げなければ、次の選挙では与党の座を失うという危機感もあった。

しかし議会では、野党の保守党がソヴィエト政府との交渉に反対して、首相を攻撃していた。閣内でも、一九一九年一月に陸相に就任したウィンストン・チャーチルが交渉に反対する。ロイド＝ジョージは回顧録で、チャーチルが「反ボリシェヴィキ戦争のもっとも強力かつ無責任な推進者であった」と非難している。

トロツキーも、後年にこう評した。

「チャーチルは内戦の煽動者であり、組織者であり、資金提供者であり、予言者だったのだ。資金提供者としては気前がよく、組織者としては凡庸で、予言者としてはさっぱりだったが」（「二人のトーリー党員による革命家論」）。

チャーチルといえば、第二次世界大戦でナチス・ドイツから祖国を守り抜いた名宰相として称えられている。その彼が、なぜ辛口の評価を浴びるのか。まずは当時のロシア内戦の状況を記そう。

チャーチル陸相の大計画

一九一九年夏にコルチャークが退却を重ねていた頃、入れ替わるようにモスクワへ進撃を開始したのがデニーキン将軍である。彼は大戦中に頭角を現し、帝政末期に南西方面軍司令官などを務めた。ウクライナ全域などを支配下に置いたその軍は、反革命軍の精鋭だった。

デニーキンを後押ししたのが、イギリスとフランスである。特に、イギリスのチャーチル陸相は熱心に支援した。彼はシベリアのコルチャークには冷淡だったが、デニーキンには二五万の兵力を装備するだけの補給を送っている。デニーキン軍が進撃を開始すると、チャーチルはイギリス陸軍参謀総長に語った。自分は「一種のロシア大使」になって、「デニーキンが新しい憲法を作るのを助ける」(『チャーチル』)。チャーチルは、「私の軍隊」と呼ぶデニーキン軍の勝利を疑わず、その後の国づくりの援助まで視野に入れていた。

チャーチルは、日本も誘い込もうとする。パリ講和会議の全権委員として、陸軍を代表して出席していた奈良武次《ならたけじ》陸軍中将を招き、ウラル山脈まで日本軍が出兵することは可能かと、一九一九年六月二四日に質問している。奈良は、三個師団あればウラル山脈まで占領できると答えたが、東京の陸軍省はこの話を拒むように指示した。おそらくチャーチルは、デニーキン軍の準備するモスクワ総攻撃と連携させるつもりだったのだろう。

さらにチャーチルは、チェコ軍団にも働きかける。彼らを二分割して、二万人をウラジオストクから、三万人を白海に面した北ロシアのアルハンゲリスクから撤退させてはどうかともちかけた。チェコ軍団を利用して、北ロシアに駐留するイギリス軍とコルチャークの戦うシベリアの戦線を連絡させ、ソヴィエト政府を包囲する戦略である。しかし、チェコ軍団のアルハンゲリスクからの撤退は、イギリスのバルフォア外相も反対し、国際会議で否決された。

原内閣も、チェコ軍団の北ロシアからの帰国には、日米両軍で五万の兵力の援助が必要になるとして、アメリカが承知しないならば、日本は出兵しないことを決める。あくまでアメリカの意向を尊重するのが、原首相の方針だった。

デニーキン将軍の敗北と英仏の撤兵

チャーチル陸相の大計画は、机上《きじょう》の空論に終わる。だがデニーキン軍は、一九一九年七月三日にソヴィエト政府の首都モスクワを目指すことを宣言して、北上を開始した。迎え撃つモスクワでは、デニーキンの撃退に主力を差し向けるか、東へと敗走するコルチャークの追撃に全力をあげるかで、意見が衝突する。

ヨアキム・ヴァツェチス赤軍最高司令官はデニーキンを優先し、東部の部隊はウラル山脈で越冬させ、そこからデニーキン迎撃の兵を引き抜けばよいと主張した。上司にあたるトロツキーも彼を支持する。しかし党中央委員会はこの意見を容れず、コルチャークに猶予を与えないよう、六月一五日に追撃を指示し、ヴァツェチスは解任された。

その結果、破竹の勢いでデニーキン軍はモスクワに迫る。しかし、一〇月下旬にはトゥーラ近郊での激戦に敗れ、退却していった。反撃に転じた赤軍は南下し、デニーキン軍はウクライナのクリミア半島に逃れる。

イギリスではデニーキンへの期待が大きかっただけに、その敗退がロシアから撤兵する決定打となった。すでにシベリアのイギリス軍は、チャーチル陸相が落ち目のコルチャークを見限り、デニーキンに支援を集中させたため、大部分が一九一九年一〇月末に撤兵を完了していた。シベリアのクラスノヤルスクにいたフランス軍も、一九一九年九月に撤兵を開始し、翌年八月に撤兵を終えた。

チェコ軍団の反乱

そもそも各国のシベリア出兵は、チェコ軍団の救出を口実としていた。では各国が撤退するなか、肝心のチェコ軍団はどうしていたのか。彼らは、まだシベリアで内戦に巻き込まれていた。

チェコスロヴァキアは、一九一八年一〇月二八日に独立を宣言した。一一月には、東京にチェコ軍団の代表部も開設される。チェコスロヴァキア共和国の独立は、翌年のパリでの講和会議で、正式に各国に認められた。共和国の初代大統領には、マサリクが就任する。

チェコ軍団が戦うのは民族の独立のためであり、それを達成した時点で、彼らがシベリアに残る理由はなくなった。新たに成立したチェコスロヴァキア政府も、これ以上、彼らをロシアの内戦に巻き込むことには反対だった。にもかかわらず、チェコ軍団の撤兵が遅れたのは、彼らを指揮下に置くフランス軍や、前述のチャーチル陸相をはじめ、彼らを駒として操ろうとする各国の思惑があったためである。

遅々として進まない帰国に、チェコ軍団は反旗を翻す。一九一九年九月二八日、チェコ軍団はロシアからの撤退を決めた。さらに、一時はコルチャーク政権と協力関係にあったが、護衛していたコルチャークを、イルクーツクの革命政権に引き渡した。またチェコ軍団は、一九二〇年一月にはセミョーノフの部隊と衝突する。ついに二月七日には、ソヴィエト政府との休戦協定に調印した。

日本は、一九二〇年一月にチェコスロヴァキア共和国と正式な外交関係を持った。しかし、チェコ軍団が反革命軍としての性格を失ったことで、現地の日本軍との関係は悪化した。四月一一日には、中東鉄道のハイラル駅（現中国内蒙古自治区呼倫貝爾《フルンブイル》）で、両軍は銃撃戦を繰り広げている。

チェコ軍団のシベリアからの撤兵は、ようやく一九二〇年九月に完了した。ウラジオストクから帰国したチェコ軍団の兵士は七万二六四四人で、ロシアでの戦死者は三六五二人、行方不明者は七三九人だった（『中欧の分裂と統合』）。

アメリカの撤兵通告

ついに、アメリカも撤兵する。

アメリカ国内では、一九一九年夏から、撤兵を求めるランシング国務長官らが、ウィルソン大統領への説得を始めていた。しかし、足元の国務省内には推進派も多く、ウィルソン大統領が病気で臥せるようになったこともあって、決断はつかないままであった。

そうしたなか、アメリカを出兵に突き動かしたチェコ軍団は撤退を決める。さらに一九一九年末には、コルチャークの没落が誰の目にも明らかになる。そこで一二月二三日に、ランシングが病床のウィルソンに撤兵の承認を求めた。「アメリカ軍は撤兵しなければ、ボリシェヴィキ軍との戦闘をしなければならなくなるでしょう」。ウィルソンは承認し、一九二〇年一月五日にアメリカ政府は撤兵を決定した。

共同出兵する日本へは、まずアメリカ派遣軍司令官のグレイブス少将が、一九二〇年一月八日にウラジオ派遣軍に撤兵を通告した。アメリカ国務省から幣原駐米大使への正式な通告は、その翌日だった。

アメリカの突然の撤兵通告は、その意向を尊重してきた原内閣にとって衝撃だった。しかも打ち切りの通告は、国際慣行に反したものだった。これは、アメリカの現地軍と本国の連絡不足によるもので、故意ではない。グレイブス司令官は、すでに国務省から日本へ撤兵は通告されたものと思いこんでいた。そのような事情ではあるが、通告が不意打ちで、非友好的な印象を与えたのには変わりない。

日本政府はアメリカの撤兵を認めざるをえない。しかし内田外相はモリス駐日大使に、今後は日本軍が単独でシベリア駐留することや、日本軍の増派や撤兵は自由にさせてもらう、と一月九日に伝える。本国のランシング国務長官はそれを認めざるをえなかった。

こうして日米の共同出兵は、最後までかみ合わないまま終わった。

2 日本軍の独行――アムール州からの撤退、沿海州の制圧

撤兵するためにも追加の派兵を

アメリカの撤兵を知らされた一九二〇年一月九日、原首相は田中陸相だけに、率直に今後の戦略を語った。

このままシベリアに駐屯し続けることは、諸外国が日本に疑いの目を向けることになり、費用も莫大になるし、国内の世論の反応もどうなるかわからない。けれどもこの地方(シベリア)は特殊な関係もあるのだから、もちろん軽々しく撤兵することはできない。将来のことを考え、よい機会があったら、「居留民を集めて奇麗《きれい》に撤兵し」、ウラジオストク、さらに

中国と一緒に中東鉄道を守備するだけにして、この局面を打開しよう。もし「過激派」が攻撃するか、共産主義の宣伝をしてきたら反撃して、適当な土地を占領しよう。占領後はここに「露国相当の政府」すなわち傀儡《かいらい》政権を立てて撤退するか、領土とするかはどちらでもよい。

田中陸相も賛同した。「実は撤退の場合も内心には考慮し居れり」。もともとはチェコ軍団の救済が目的であり、彼らが退去すれば、ウラジオストクなどの地点に退くこともできる。それまでは守備を厳重にして、ロシア人の救済などに努めるのがよい、と答えている（『原敬日記』一九二〇年一月九日）。

原は、大規模な撤兵と小規模な増派を同時進行させることを思いつく。原によれば、うまく撤兵するためにも、まずは増派が必要である。「完全なる而《しか》も態度正しき撤兵は増兵せずしては不可能ならん」。加藤友三郎海相も以下のように同調する。「居留人を取纏《とりまと》め名誉ある退却には先以《まずもっ》て増兵を必要とする」（同前一九二〇年一月六日）。高橋蔵相は反対したが、原首相の決断で、一九二〇年一月一三日に、「東部シベリア」への半個師団（五〇〇〇人程度）の増派が閣議決定された。

撤兵を胸に秘めつつ

反革命軍も相次いで敗退し、各国も撤兵するなか、日本軍はさらに軍隊をシベリアに送った。しかし原首相にとって、増派と撤兵はセットである。田中陸相も、「自分の真意は機《き》を見て撤退するにある」が、言い出せないために高橋蔵相と争いになっている、と原首相に苦しい胸の内を打ち明けている。原首相は「兎《と》に角《かく》撤兵の覚悟を要す」と決意を促した（『原敬日記』一九二〇年一月一二日）。

原と田中は、段階的な撤兵の方針は伏したまま、増派の理由について貴族院で答弁しなければならなかった。一九二〇年一月二三日に田中陸相は、増派ではなく、部隊の交代の都合で、やむをえず増派のようになってしまったのだと答弁した。原もその翌日、「過激派」がシベリア鉄道に危害を加えるため、「相当なる兵」を増やさなければならなかったのだと答弁している。

この答弁を終えてから、決意を固めた田中陸相は、二月三日の閣議で、チェコ軍団を救出したらシベリアから撤兵するつもりだと、初めて段階的な撤兵の「内意」を閣僚に告げた。原と加藤海相は、この方針は「絶対秘密」にするように閣僚たちに注意している（同前一九二〇年二月三日）。田中が原に、この方針は「陸軍部内の感情」に配慮して、内密にしてくれるよう、前々から頼んでいたためだ（同前一九二〇年一月一二日）。

その一方で、原は撤兵の段取りもつけている。

原内閣は、チェコ軍団が帰国のための通過後、出兵の範囲を大幅に縮小し、沿海州ならびに中東鉄道沿線に軍を駐留し続けることを、三月二日に正式に閣議決定した。これらの地域に「過激派」の影響が及ぶのは、「自衛上黙視し難き」という理由である。日本が自衛したいのは、「帝国と一衣帯水」のウラジオストク、「接壌地《せつじょうち》」の朝鮮、北満洲である。

こうしてシベリア出兵の大義名分は、チェコ軍団の救出から、日本の「自衛」に変更された。三月三一日に政府は同じ趣旨の声明を出し、出兵を続けることを国際社会へ宣言した。

段階的な撤兵の方針は評価されなかった一方で、増派と「自衛」への大義名分の変更は、国内のみならず英米の新聞でも批判的に報じられた。

ウラジオストクの政変

原首相が議会で答弁に努めていた頃、シベリアは政変の渦中にあった。コルチャークの処刑後に、シベリア各地では、革命派がコルチャークの息のかかった地方行政府を転覆していく。シベリアの勢力図は、またたく間に白（反革命派）から赤（ボリシェヴィキ）へと塗り替えられていった。

日本軍がもっとも重視する沿海州では、一九二〇年一月三一日に、ウラジオストクがパルチザンに占領された。コルチャーク政権の「極東最高代官」だったローザノフ将軍は失脚し、日本へ亡命する。

沿海州ゼムストヴォ参事会臨時政府（以下、沿海州臨時政府）が新たに組織され、首班には社会革命党《エスエル》のメドベージェフ（名前不詳）が就任した。政府名にあるゼムストヴォとは、帝政ロシア時代の公選制による地方自治機関である。だが、沿海州各地の主要なポストはボリシェヴィキが握った。政変の影の立役者は、パルチザンを指揮するセルゲイ・ラゾで、一九一八年春にザバイカル州からセミョーノフを撃退したボリシェヴィキであった。

日本軍のアムール州撤退

沿海州のもう一つの主要都市、ハバロフスクも沿海州臨時政府が掌握した。一九二〇年二月一二日には、ハバロフスクを根拠地としていたイヴァン・カルムイコフが、沿海州臨時政府の軍に追われて亡命する。一八八八年にモスクワ南東のリャザンに生まれ、大戦中からウスリー・コサックを率いた彼もまた、日本軍の支援を受けていた一人である。その後、満洲に逃げ込んだが、吉林の元ロシア領事館を占拠して中国の官憲に捕まり、一九二〇年一〇月一日に銃殺されている。

アムール州でも革命派が勢いを増す。州都ブラゴヴェシチェンスクはパルチザンに包囲された。同市を守備していた第一四師団（宇都宮）の師団長、白水淡《しろうずあわし》陸軍中将は、州民の要求を受け入れてから撤退するのでは格好がつかないと、撤退を急ぐよう具申する。

二月三日に、大井ウラジオ派遣軍司令官から一部の撤退命令を受け取ったのを皮切りに、第一四師団はアムール州からハバロフスクへと、次々に兵を引き揚げる。ただ、州都ブラゴヴェシチェンスクからも撤退を主張する白水師団長に対し、兵力を残したいウラジオ派遣軍司令部と参謀本部が反対した。最後まで福田雅太郎参謀次長が認めないまま、現地の突き上げに折れたウラジオ派遣軍が認める異例の展開で、二月一六日に撤退が決まった。

中国軍に追放されたホルヴァート

原内閣がシベリアからの撤兵後も駐留を決めた北満洲（中東鉄道沿線）だったが、コルチャーク政権が崩壊した余波は、ここにも及ぶ。

コルチャーク政権が崩壊すると、その傘下にあったホルヴァートは独立する。そして、中東鉄道沿線のロシア人を引き続き統治することを布告した。

しかし、中国側は認めない。中国政府の吉林督軍としてハルビンを管轄し、中東鉄道理事長として会社の上司にもあたる鮑貴卿《パオグイチン》は、中東鉄道は中国領内にあるので、それ以外の国が統治権を行使することは認めず、ホルヴァートも中東鉄道の一社員としか見なさない、と申し渡した。

一九二〇年三月に、労働組合や左派政党からなるハルビンの統一会議も、沿海州臨時政府に権力を移さなければストライキに訴えると、ホルヴァートに突きつけた。ホルヴァートは拒絶したため、ハルビン市内はいっせいにストライキに入った。このストライキは、ホルヴァートを追放したい中国側が裏で操っていたという説もある。

真相はともかく、ストライキが始まるとすぐに、中国軍が鎮圧に乗り出した。鮑貴卿は、ロシア人の争いが中国に持ち込まれることを許さないとし、争いの一方の当事者であるホルヴァート子飼いの中東鉄道警備隊の武装解除を求めた。進退窮まったホルヴァートは日本軍の出動を促し、中国軍を排除させようとした。しかし、中国側はホルヴァートを追放し、中東鉄道の経営面での発言権を強めようとした。日本軍は動かない。

実は閣議の承認を得て、三月九日に田中陸相は、大井ウラジオ派遣軍司令官に中東鉄道について、中国の主権を尊重し、中国軍との「密接なる協調」をとるよう指示していた（「極秘対西伯利政策の経過」「田中義一関係文書」）。日本はシベリア出兵の継続のため、中国側とは「協調」を保とうと、ホルヴァートの追放に目をつぶったのである。

頼みの日本軍は動かず、ホルヴァートは中東鉄道の理事会へ辞職を表明し、一九二〇年四月に北京へと去る。彼は一九三七年に死去するまで、中国における亡命ロシア人の顔役として、余生を過ごすことになる。

日本軍による沿海州制圧

シベリアでも北満洲でも、反革命派が次々に倒れていく。現地のウラジオ派遣軍は危機感を深めたものの、北満洲では原内閣に中立を命じられ、沿海州ではアメリカ軍に牽制されて、思うように手が出せないでいた。

大井ウラジオ派遣軍司令官は、アメリカ軍が「撤退したら大いに過激派を叩いて摩擦の根源を一掃せねばならぬと意を決していた」と、一九三九年に回想している（「西比利亜出兵に関する思出の一端」）。

シベリアのアメリカ軍は、四月一日に撤兵を完了した。待ちかねていた大井司令官は、パルチザンはシベリア鉄道から三〇キロ以内には入《い》れず、今後も日本軍の便宜を図り、日本人居留民を保護せよ、と沿海州臨時政府へ「強硬に交渉させた」（同前）。

ハバロフスクでの市街戦，1920年4月5日

沿海州臨時政府はすべて受け入れ、四月五日に契約の調印式が行われる手はずも整った。しかしその前夜、機関銃の銃声を聞きつけた日本軍が、パルチザンが攻撃してきたと独断で応戦。これを聞いたウラジオ派遣軍司令部も、翌日までにシベリア鉄道沿線のパルチザンたちを実力で武装解除してしまった。

作戦には海軍も協力し、ウラジオストク港内では、戦艦「肥前」がロシアの艦船を武装解除する。また、ブラゴヴェシチェンスクからハバロフスクへ移っていた第一四師団も武装解除に参加し、ハバロフスクで市街戦が繰り広げられた。

パルチザンの指導者、セルゲイ・ラゾはこの混乱のなかで殺害された。ソ連時代、彼は日本軍に機関車の罐《かま》で焼き殺されたと信じられ、英雄視されてきた。その最期については諸説ある。ウラジオストク特務機関の一員だった沢田茂によれば、ウラジオストクでの武装解除のさなか、彼は変装を見破られ、第一三師団（高田《たかだ》、現上越《じょうえつ》）に拘束された。ところが、差し出された食事を衛兵に投げつけたため、怒った衛兵に刺殺された。遺体は海軍によって水葬されたという。

原首相の落胆

結局、ウラジオ派遣軍は沿海州を武力で制圧し、四月二九日に沿海州臨時政府と停戦協定を結んだ。

ウラジオ派遣軍のこうした行動は、東京では寝耳に水だった。日本政府は、シベリア出兵の目的を日本の「自衛」とする方針を、内外に発表したばかりである。さらに、日本軍の増派はするものの、内政に干渉しないこと、ならびに「過激派」との戦闘は避けるよう、田中陸相が大井司令官に内々に訓示（内訓）することも決めていた（『原敬日記』一九二〇年二月一六日）。

それだけに、沿海州の武装解除を田中陸相から聞いて、原首相の日記には無念さがにじむ。「折角《せっかく》政府の声明に依《よ》りて前途の方針を公示せしに何事を生じたるや、遺憾の次第なり」（同前一九二〇年四月五日）。

現地軍と内閣の意向はかみ合わないままだったが、原内閣はさらに撤兵を推し進めてゆく。

3　極東共和国の建国――ザバイカル州からの撤兵

日本への交渉の呼びかけ

英米の軍隊が撤兵しても、日本軍の沿海州への駐留継続が確実になると、ソヴィエト政府は武力ではなく、外交によって日本軍を撤兵させようと試みる。

一九二〇年二月一四日付の覚書でソヴィエト政府は、松井慶四郎駐仏大使を通じ、日本政府に対して交渉の開始を提案した。覚書には、「極東における日本の特別な経済的・通商的な利益を認める」など、日本側に対して、下手《したて》に出た条件が記されていた。しかし、その直後に、次章で詳述する尼港《にこう》事件が起き、四月には沿海州での日本軍による武装解除もあって、提案は実らずに終わる。

だがレーニンも、六月四日にクレムリンで、『大阪毎日新聞』の布施勝治《ふせかつじ》と、『大阪朝日新聞』の中平亮《なかひらりょう》と会見した際に、シベリア出兵という「面白からぬ事」があっても、「両国の国交について大きな楽観を抱いている」と述べた(『我観東亜ソ領』)。

コルチャーク政権が崩壊した有利な状況にもかかわらず、レーニンらが日本に国交樹立を求めたのは、ソヴィエト政府がヨーロッパで苦境に立っていたためだ。当時は、まだ南ロシアに反革命軍が残っていた上に、国境線をめぐって不満を持つ新生ポーランド共和国との間で、一九二〇年四月二五日から戦争が始まっていた。

極東共和国建国へ

西でポーランドと戦うなか、ソヴィエト政府は、東ではコルチャークを破って快進撃を続けてきた赤軍に、さらなる前進を止めさせた。バイカル湖以東への進撃を禁じたのは、「東方にあまり突進しすぎるのは犯罪であろう」というレーニンの考えによる。日本軍との衝突を回避したのだった。

日本軍が駐留を続けるザバイカル州では、その支援を受けたセミョーノフが居座っていた。しかし日本軍もまた、赤軍との直接対決は望んでいない。そのためザバイカル州では、両軍が対峙する小康状態がおとずれた。

そうしたなか、現地のボリシェヴィキや軍人たちは、極東に緩衝国家を設ける構想をモスクワに上申してきた。レーニンとトロツキーは承認した。彼らは日本軍と衝突して、それを日本が増派の口実にするのを警戒していた。緩衝国家の樹立は、それを避けるのに最適な解決策と思われた。

一九二〇年四月六日、赤軍によって占領されたばかりのヴェルフネウヂンスク（現ウランウデ）で、極東共和国の建国が宣言された。共和国憲法では、ソヴィエトではなく、普通・

極東共和国軍司令官ウボレヴィチの演説風景，1922年

直接・秘密投票によって選出される国民議会の条項が設けられた。また極東共和国には「本国」のソヴィエト政府と違い、人民委員ではなく大臣が設けられた。それまでゲリラ戦を戦ってきたパルチザンたちは、極東共和国の軍隊である人民革命軍に吸収された。本書では、この部隊を極東共和国軍と記す。

のちに極東共和国の支配領域は、ザバイカル州・アムール州・沿海州・カムチャツカ州・サハリン州と定められた。しかし、それらは反革命軍や日本軍が占領する地域がほとんどで、建国当初に支配下に収めたのは、かろうじてザバイカル州西部だけであった。

建国するとすぐに極東共和国軍は、セミョーノフの根拠地チタへの進軍を求めた。しかし、レーニンは一九二〇年四月六日付の電報でそれを禁じる。セミョーノフの背後にいる、日本軍との衝突をあくまで避けるのがレーニンの考えであった。

ザバイカル州からの撤兵へ

コルチャーク政権の崩壊後、原首相はザバイカル州から撤収し、セミョーノフへの支援を中断しようとしていた。原首相は、田中陸相と相談し、「時機を見て」ザバイカル州から撤兵することを決める（『原敬日記』一九二〇年一月二一日）。

根回しとして、その方針を伝えに参謀本部の奈良武次陸軍中将がチタを訪れた。現地の第五師団の将校は、豊臣秀吉の朝鮮出兵が失敗に終わったのと同じ運命をたどるぞ、と不平を鳴らす。

駐留部隊は大いに不満だったが、政府の方針は覆らなかった。原内閣の方針を受けて、一九二〇年五月二四日には、チタ西方のゴンゴタ駅で極東共和国と日本の代表による停戦交渉が始まった。

原首相はザバイカル州からの撤兵を急がせた。一九二〇年六月一日には、ザバイカル州から撤兵することを閣議決定した。駐兵が長引けば、ウラジオストクで起きたような日本軍と革命軍の衝突が起こる。田中陸相は、「日本の方針としては撤兵の一途《いっと》あるのみ」という強い言葉を用いて、現地の軍を従わせた（『田中義一伝記』下巻）。

六月二八日の閣議でも、ザバイカル州からの撤兵が確認され、七月三日に政府から声明が出された。内閣に督促され、ようやく七月一五日に、ウラジオ派遣軍参謀長の高柳保太郎《たかやなぎやすたろう》陸軍少将と、極東共和国の代表ウラジーミル・シャートフが覚書を交わし、チェコ軍団が通過し終えたら、ザバイカル州から日本軍が撤退することで合意した。こうして七月二一日から始まった第五師団のザバイカル州からの撤兵は、九月二日までにウラジオストクに全部隊が集結して完了した。

原首相の参謀本部批判

ザバイカル州からの撤兵は、それまでセミョーノフを支援し続けてきた参謀本部の不満を高めた。当時の原の日記には、参謀本部の抵抗が連日にわたり書き込まれている。

「陸相の意思に反《そむ》き参謀部員が撤退を望まずとの疑いあり」（『原敬日記』一九二〇年五月二五日）。

「チタ方面より撤兵の決定に対し上原参謀総長不服にて辞表を出すなどと騒ぎ出したる」（同前六月八日）。

こうしたことが重なり、原首相は親しい三浦梧楼に、参謀本部への反感を語っている。

「参謀本部は山県の後援にて、今に時勢を悟らず、元来《がんらい》先帝［明治天皇］の御時代とは全く異《こと》なりたる今日なれば、統率権［統帥権］云々《うんぬん》を振回すは前途のため危険なり」（同前一九二〇年九月二日)。

閣議決定に逆らう参謀本部の行動に、原は元老の山県の影を見ていた。山県は正面から政府の撤兵政策に反対はしなかったが、陸軍が政府の意のままになるのを嫌い、参謀本部を操って原内閣を牽制していた。

参謀本部に代わり、ザバイカル州からの撤兵を推し進めたのは、田中陸相である。ウラジオ派遣軍の勤務令では、「軍司令官は軍政人事に関しては陸軍大臣、作戦に関しては参謀総長の区処《くしょ》を承《う》く」と定められている。本来であれば、作戦に口を挟めない立場であるが、時には作戦命令の末項に、「細部に関しては陸軍大臣、参謀総長をして指示せしむ」とあるのを利用する。また、陸相の内々の訓示(内訓)とすることで、内閣の方針をウラジオ派遣軍に取り次いだ(『西伯利出兵史』中巻)。

田中陸相は、山県を後ろ盾に撤兵を遅らせる参謀本部と、撤兵を滞りなく進めたい内閣に挟まれて苦しむ。それでも、田中は閣僚としての立場を優先する。「西伯利関係は戦争に非《あ》らず、政府の政策上の決定次第」と、統帥権を言いつのる上原参謀総長を抑えこんだ(『原敬日記』一九二〇年八月一〇日)。いまは戦時ではなく平時なので、出兵は軍ではなく政府が主導する、という田中の理屈は、実際に海外に大規模な派兵をしている参謀本部としては受け入れ難い。

そうした田中の言動が聞こえたのか、山県は側近に不満をもらした。「寺内〔正毅〕も段々自分の意見を聞かざる様《よう》になりしが、田中も近頃同様になりし」(同前一九二〇年九月一〇日)。山県の機嫌を損ねたことは、翌年の田中の陸相辞任の伏線となる。

高橋蔵相の参謀本部廃止論

シベリア出兵に財政面の負担から反対していた高橋是清蔵相も、参謀本部に憤っていた。一九二〇年一〇月に彼は、意見書を原首相に持ち込む。その内容は、参謀本部のみならず、農商務省を廃止して農林省と商工省の設置を求めるなど、一連の行政改革を訴えるものであった。

なかでも参謀本部の廃止は、日本が軍国主義であるという誤解をなくすためであり、さらに、「外交及《および》経済上の政策に容喙《ようかい》し我《わ》が外交を不統一ならしめ」るという理由で、参謀本部が政府とは別に進める「二重外交」を特に問題視していた。ドイツでも参謀本部が第一次世界大戦を敗北に導いたと力説しているのも、まさにそれを手本に発足した日本の参謀本部の面々にとっては、耳が痛かっただろう(「内外国策私見」、JACAR: C13071292700)。

原首相は、参謀本部の廃止は非現実的で、反感を持つ者を増やすだけだから、公表しないように高橋を説得した。折れた高橋は、公表を控える。

だが、高橋の意見書は上原参謀総長に漏れ、田中陸相から説明された山県有朋も、「少々興奮」の様子であった(『原敬日記』一九二〇年一〇月二五日)。陸軍省軍事課も、一〇月一六日に写しを作成した上で、反論を作成している（「大正九〜一五年度 統帥権問題に関する綴《つづり》」、JACAR: C13071292800）。

ザバイカル州からの撤兵に続き、この件は内閣と参謀本部の溝をさらに深めた。

赤軍の攻勢とセミョーノフの亡命

さて、ポーランドとソヴィエト政府の戦争は、ロシアの反革命軍と結んだポーランドが緒戦を有利に進めた。しかし、開戦から二ヵ月後の一九二〇年六月には形勢が逆転する。欲を出したレーニンは、ポーランドにも革命を輸出しようと企て、赤軍はその首都ワルシャワに迫った。だが八月中旬にヴィスワ川の戦いで敗北すると、赤軍は撤退を余儀なくされ、一〇月一二日には休戦協定が結ばれた。

ポーランド軍が去って、孤立無援となったロシアの反革命軍は赤軍に敗北し、リーダーのピョートル・ウランゲリはベルギーへ亡命する。こうして一九二〇年秋に、ヨーロッパ・ロシアでの内戦は終わった。めぼしい反革命軍は、シベリアのセミョーノフ軍のみとなった。

ポーランドとの休戦後の一〇月一九日に、極東共和国軍はザバイカル州で総攻撃に出る。セミョーノフ軍はわずか三日でチタを失い、一ヵ月あまりでザバイカル州全土を失う。セミョーノフと残党は満洲に逃げこみ、日本軍と中国軍に武器を引き渡した。中国軍は沿海州に彼らを送り届けている。温情というより、厄介払いであろう。

なおセミョーノフは、一九三〇年代には満洲国に腰を落ち着ける。しかし、一九四五年八月に満洲国へ侵攻したソ連軍によって、大連《だいれん》（現中国遼寧省大連《ダーリエン》）で逮捕され、翌年八月にモスクワで絞首刑に処された。彼に限らず、ソ連は第二次大戦前後も執念深く、世界各地で反革命軍に加わった人物を探し出して、本国へ連行している。

第4章　北サハリン、間島への新たな派兵——一九二〇年

1　尼港事件——北サハリン占領へ

サハリン島略史

一九二〇年に日本軍は、アムール州とザバイカル州から撤退し、沿海州南部と、北満洲の中東鉄道沿線に兵力を集中させた。その一方、別の地域へも派兵を始める矛盾した行動に出て、シベリア出兵はさらに長引くことになる。

日本軍が新たに出兵したのが、北サハリンである。この地域への出兵は、後述する尼港事件の謝罪と代償を求めることを大義名分としている。ただし、事件前から北サハリンの獲得は軍部で検討されていた。

日本軍が関心を寄せていたサハリン島は、どのような歴史をたどってきたのか。

この島は、江戸幕府のもと、一八五五年に結ばれた日露和親条約により、日露両国の「雑

居地」となった。一八七五年に結ばれた千島樺太交換条約で、全島がロシア帝国の領土となる。日露戦争の終盤には、短期間だが日本軍が全島を占領した。日露戦争のポーツマス講和条約により、一九〇五年に北緯五〇度以南を日本が獲得する。以降、サハリン島の南北を、日本とロシアがそれぞれ分治していた。

北サハリンの石油を狙う日本海軍

ロシア領の北サハリンに野心を燃やしていたのは、石油を狙う日本海軍である。

明治時代、海軍の艦艇用燃料は石炭に頼っていた。しかし日露戦争後の一九〇六年に、海軍は重油を採用した。北サハリンはその有望な産地として、海軍は北サハリンに注目していた。

第一次世界大戦で苦戦するロシアの臨時政府が、日本に武器の援助を求めてくると、加藤友三郎海相は、交換条件として北サハリンの割譲か、石油の利権を要求する必要があると、一九一七年九月に本野一郎外相に書き送っている。

ロシア一〇月革命後にも、海軍は北サハリンの石油をその手に収めようと画策する。一九一七年一二月二八日には、ウラジオストクへの上陸作戦とともに、すみやかにサハリン島を全島攻略するよう努めると、陸軍と合意ができていた。

ロシアが内戦で混乱する一九一八年には、ロシアのイワン・スタヘーエフ商会と久原《くはら》鉱業

サハリン，沿海州関連図

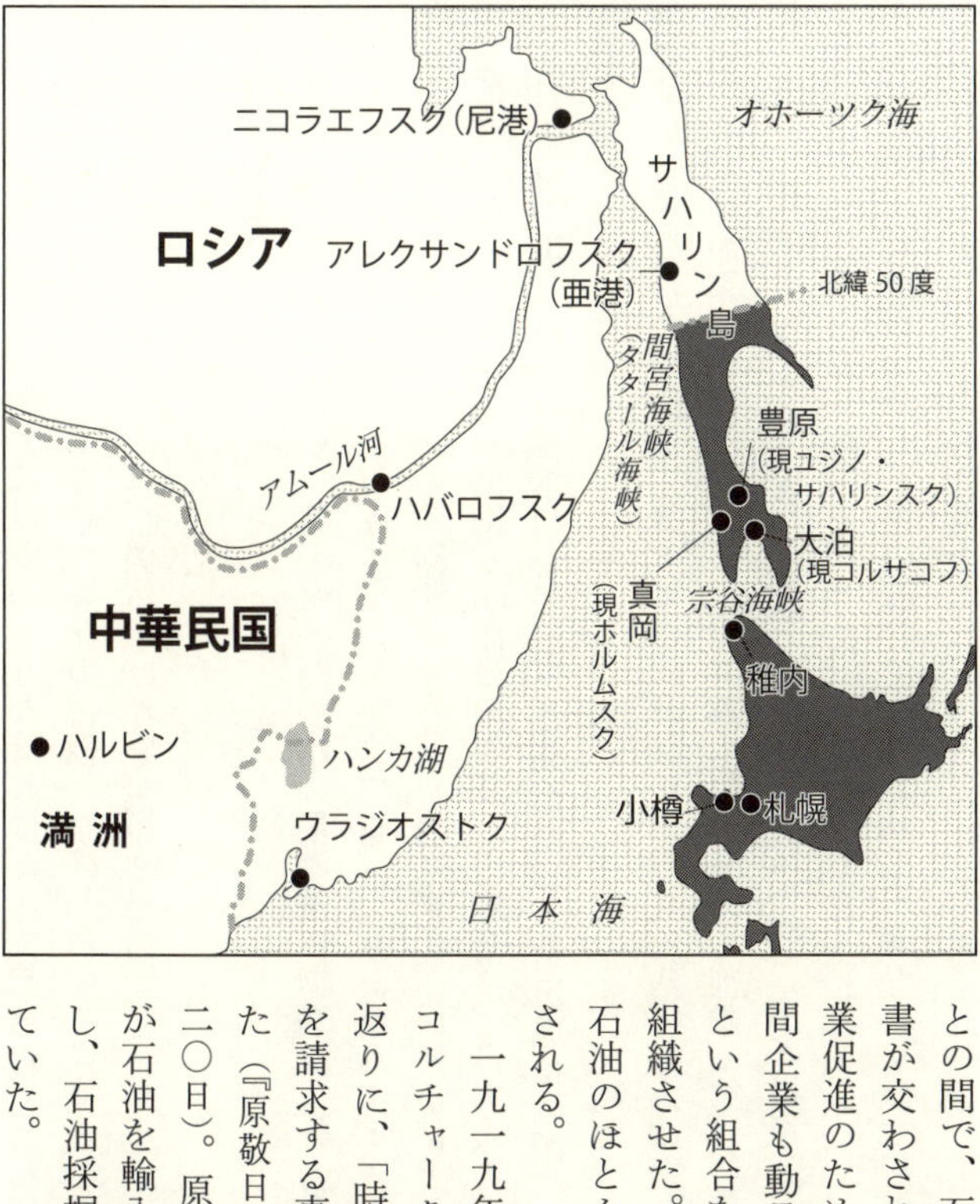

との間で、石油の合弁事業の覚書が交わされている。海軍は事業促進のため、ほかの日本の民間企業も動員して、「北辰会《ほくしんかい》」という組合を一九一九年五月に組織させた。こうして得られた石油のほとんどが、海軍に納入される。

一九一九年五月一六日には、コルチャーク政権を承認する見返りに、「時機を見て樺太油田を請求する事」を閣議で内定した（『原敬日記』一九一九年五月二〇日）。原首相もまた、海軍が石油を輸入に頼るのを危険視し、石油採掘権の確保を重視していた。

北サハリンの「保障占領」は以上のような流れのなかで起きた。言わば、石油の「保障」のための占領である。一九二五年に「保障占領」を終わらせる代償として、北サハリンの石油利権が交換条件とされたのは、偶然ではない（第6章参照）。

尼港事件の勃発

日本軍の北サハリン占領の口実となったのは、尼港事件である。舞台となったのは、アムール河の河口にあるニコラエフスクという街だ（現ニコラエフスク・ナ・アムーレ）。一九一四年から、対岸の北サハリンも管轄するサハリン州知事が居住する街として、地域の政治的な中心地だった。また、金の採掘と北洋漁業の拠点でもあり、日本人の住民も三五〇名を数えた。日本軍の出兵前から領事館を任されていたのは、石田虎松《いしだとらまつ》副領事である（殉職後に領事に昇格）。

地理的にも重要なこの街は、日本軍の陸戦隊が、一九一八年九月に抵抗を受けることもなく占領した。陸海軍の将兵は、石川正雅《いしかわまさただ》陸軍少佐の率いる部隊（第一四師団歩兵第二連隊第三大隊、水戸）約三三〇名を中心に、海軍も無線電信隊の四二名が駐屯していた。日本軍の占領下で、街では反革命派が権力を握った。

冬にはアムール河口の港も、街の前を流れるアムール河も凍りつくため、この街は陸の孤島となっていたところ、事件が起きる。

一九二〇年一月、二三歳のヤコフ・トリャピーツィンをリーダーとする約四〇〇〇名のパルチザンが、この街を包囲した。彼らは前年一一月のパルチザン部隊の指揮官協議会の指示で、アムール河下流を制圧するため派遣されてきた部隊であった。

ニコラエフスクの反革命軍は、コルチャーク政権の没落で戦意を失っており、代わって日本軍が矢面に立つ。一月末からの攻防戦は、二月二四日に日本軍とパルチザンが休戦して終わる。翌日、街を占領したパルチザンは、反革命軍や彼らを支持したロシア人を処刑する、恐怖政治を敷いた。

大井ウラジオ派遣軍司令官は、すでに一月にはニコラエフスクでの戦闘に気づいたものの、当時は飛行機もなくて、救援する手段がなかったと回想している。それに二個中隊も駐屯しているのだから、まさか全滅することはなく、春まで持ちこたえるだろう、と思っていたという。

すでに大井が第一二師団の師団長だった前年三月から、パルチザンとの戦いで飛行機は偵察や爆撃に用いられて、威力を発揮している。ただし、当時の飛行機の性能では、救援が難しかったとは言えるだろう。大井ウラジオ派遣軍司令官は二月八日に、救援を送る兵力がないと、陸軍中央に救出を委ねた。

だが、ウラジオ派遣軍による陸路での救援は不可能だったのか。参謀本部から陸軍大学校長に転じていた宇垣一成は、この点を日記で批判した。

「浦潮《ウラジオ》軍が哈府《ハバロフスク》方面よりの救援不可能と認めたるは何に理由の根拠を置くや。現にパルチザンは冬季に於て活動を試み尼港に侵入し居《お》れり。進んで為《な》すの点に於て欠くる所なきや。〔中略〕努力も足らざるの感がする」（『宇垣一成日記』第一巻）。

ニコラエフスクの日本人たちの決起

すでに一月二四日と二六日には、ニコラエフスクの石田副領事と三宅騣五《みやけしんご》海軍少佐が、内田康哉外相と、海軍軍令部長の山下源太郎《やましたげんたろう》海軍大将に、救援を要請していた。

そこで、歩兵一個大隊を中心とする救援部隊の派兵が閣議決定されたのが、二月一三日である。

二月一六日には、事件現場からもっとも近い第七師団（旭川）から、多門二郎《たもんじろう》陸軍大佐の指揮する、尼港派遣軍が編成された。部隊は小樽に集結したものの、現地で和平が成立したとの情報がもたらされ、旭川に帰隊するよう、上原参謀総長は三月六日に命じた。

だがその後に、現地の日本人は苦渋の決断を迫られていた。

三月一一日にパルチザンは、翌日正午までに武器を差し出すよう日本軍へ求めた。のちに救援部隊によって発見された、ニコラエフスク通信所の香田昌三《こうだしょうぞう》陸軍一等兵（事件中に死亡）の手記によれば、この件は「借受《かりうけ》」（借用）と記されている。しかし手記では、「武力に訴うるも借受くる」と、パルチザン側は脅迫していた（『大阪朝日新聞』一九二〇年六月二三日)。事件後に、陸軍・海軍・外務省はいずれも、パルチザンによる日本軍の「武装解除」の要求だったと断定している。表現はともかく、パルチザンが日本軍の武力を抑え込もうとしたのは明白だろう。

すでに無線連絡は絶たれており、外部とは連絡がつかないため、いつ援軍が来るかはわからない。また、パルチザンに武装解除されたニコラエフスクの反革命派のロシア人たちが、「将校は自殺し又《また》は捕縛せられ死刑」にされたのも目にしている（香田一等兵の手記）。何より、三月一三日にパルチザンが日本軍を全員殺害するという噂もあった。そこで対策を練っていたところ、武器を渡すよう要求が突きつけられた。

日本人たちは追いつめられた。数で圧倒するパルチザンの要求を受け入れるか、乾坤一擲《けんこんいってき》の勝負に出るか。

日本人たちは後者を選ぶ。武器の引渡し期限前の三月一二日午前二時、石川少佐率いる日本軍は、日本人の民間人とともに、パルチザンを襲撃する。

中国艦の砲撃と朝鮮人の離反

奇襲は成功したかに見えた。パルチザン軍の本部は火をかけられ、トリャピーツィンも負傷して、危うく難を逃れた。

決起した日本人たちにとって予想外だったのは、敵がパルチザンだけではなかったことだ。

ニコラエフスクの港で越冬していた中国の艦隊、さらにこの街の朝鮮人住民もパルチザンに味方した。

砲艦四隻からなる中国の艦隊は、アムール河など、中露国境の河川でロシア帝国によって奪われていた船舶の航行権を、ロシアの弱体化に乗じて回復するよう、中国政府の海軍部に命じられていた。上海を出港した艦隊は、ニコラエフスクでアムール河の解氷を待ち、ハルビンへと遡上《そじょう》する途上にあった。

事件前夜までに、艦隊の乗組員たちはパルチザンと親交を深める。彼らはパルチザンの要求に応じ、重火器も貸している。こうした好意の背景には、ニコラエフスクの日本軍が、中国艦隊がハルビンへ向かうのを妨害している、と乗組員たちが思っていたことがある。日本軍とパルチザンの戦闘が始まると、中国艦隊は日本軍を砲撃した（「ニコラエフスクの回想」）。こうした事実を把握して、事件後の一九二〇年一二月に日本は、中国政府に慰謝料を支払う協定を結ばせている。

また、ニコラエフスクは朝鮮人が多く住む街でもあった。この街の周辺には金鉱が多く、朝鮮人鉱夫が多数働いていた。朝鮮人会もあり、朝鮮語の新聞が週二回発行され、民族主義を鼓舞していた。彼ら朝鮮人もパルチザンに協力して、義勇隊を結成し、日本軍と戦った。

戦闘は日本側の敗北に終わる。街を離れた一〇数名の女性が助かったほかは、領事館にたてこもって抵抗した石川少佐をはじめ、日本人は大半が戦死した。石田副領事一家も自決している。最後まで日本軍の兵営にたてこもった日本人たちは、決起から六日後の三月一八日にパルチザンに降伏し、監獄に収容された。

原首相と田中陸相の反応

ニコラエフスクの状況は四月に入り、ようやく断片的に東京にも入ってきた。

尼港事件は、現地の日本軍が、パルチザンのみならず、周辺の諸民族を敵に回したなかで起きた惨劇であった。それだけに、事件は日本の国際的な孤立を際立たせていた。だが国内ではその点に目は向かず、事件の犠牲者に外交官や民間人、さらに女性や子どもも含まれているのに衝撃が走った。尼港事件を受けて、原首相は日記に記す。

「我兵《わがへい》及び居留民領事迄殺害せられたりと云《い》うに於ては、国家の為《た》め捨置《すてお》き難《がた》き事は勿論《もちろん》なり」（『原敬日記』一九二〇年四月六日）。

陸軍では、要職にある者たちが対応を協議した。前章で見たように、すでに撤兵を考えている田中陸相は、北サハリンを占領する代わりに、シベリア全土からは日本軍を撤兵させる案を出す。しかし福田参謀次長が反対し、陸軍次官の山梨半造《やまなしはんぞう》陸軍中将も福田を支持した（『奈良武次日記』一九二〇年四月一二日）。会議で孤立した田中陸相は、この案を取り下げざるをえなかった。

惨殺された日本人たち

原内閣は、四月九日にあらためて救援軍の派遣を閣議決定する。部隊は二〇〇〇名弱、目的は、北樺太の居留民保護と、北樺太の中心都市アレクサンドロフスク（亜港《あこう》、現アレクサンドロフスク・サハリンスキー）を占領し、ニコラエフスクと連絡をとることであった。

この尼港派遣軍は、四月一八日から翌日にかけて北海道の小樽港を出航した。まず、北サハリンのアレクサンドロフスクを四月二二日に占領している。対岸に渡ろうと、氷に閉ざされた間宮海峡の解氷を待つ間に、四月二一日の閣議で認められた増援部隊である、北部沿海州派遣隊（指揮官は津野一輔少将）も合流する。尼港派遣軍は多門支隊として増援部隊に組み込まれ、一足先に現地へ向かった。

ようやく、事件現場のニコラエフスクに多門支隊が到着したのは、六月三日である。しかし、日本軍の動きを知ったトリャピーツィンたちは、市街地を焼き払って撤退した後だった。監獄の日本人捕虜は全員殺害されていた。

尼港事件の犠牲者数は、史料により異なる。後述する長春会議にあたり、日本の外務省は、日本人七三五名を「殉難者」とする文書を作成した。その内訳は、民間人三八四人（うち女性一八三名、性別不明一名）、軍人三五一名（陸軍三〇七名、海軍四四名）である（JACAR:B06151182700）。ロシア人も多数が犠牲となった。

トリャピーツィンは、ブラゴヴェシチェンスクを目指して南へ撤退する。しかし、その途

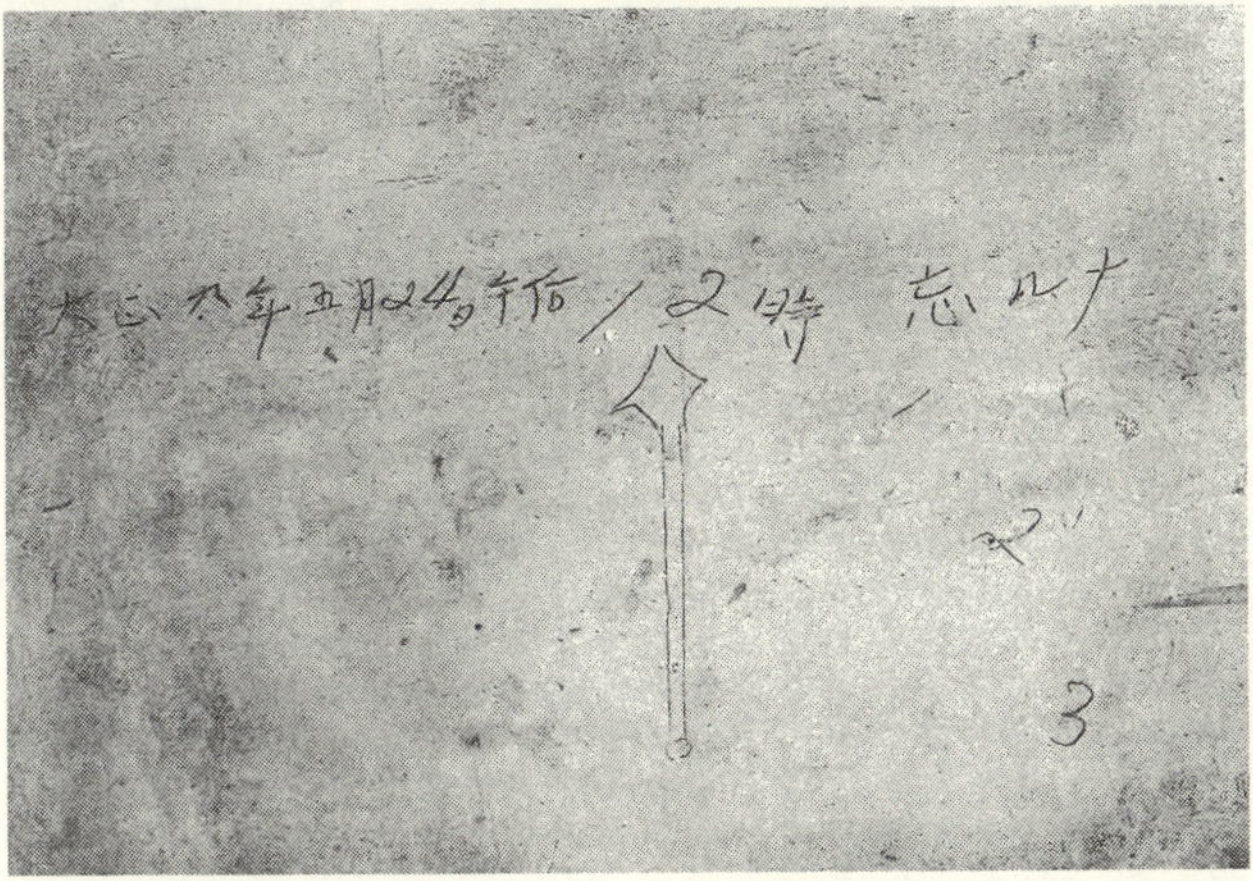

上／日本軍が到着した当時のニコラエフスクの惨状　黒煙が上がる市街地
下／獄中の壁に残された遺書　「大正九年五月24日午后12時　忘ルナ」と記されていた

上で部下によって裁判にかけられ、一九二〇年七月九日に、妻や側近とともに銃殺された。判決文では、ニコラエフスクでのロシア人住民の虐殺などが罪に問われている。

異説もある。トリャピーツィンは、極東共和国を建国して、日本軍との直接対決を避けようとするモスクワの方針に批判的だった。五月二九日にはモスクワに電報を送り、日本への宣戦布告を要求している。これがモスクワの怒りを買ったという。

いきり立つ世論

日本国内には、六月にニコラエフスクに到着した救援軍や新聞の特派員によって、その惨状が伝えられた。日本人たちが投獄されていた監獄では、香田一等兵の手記が見つかったほか、「大正九年五月二四日午後一二時忘るな」と、虐殺を示唆する走り書きが壁に残されていた。

世論は沸騰した。事件を特集する雑誌や映画が作られ、帰国した新聞記者も遺品を用いた講演会を催す。新聞各紙もパルチザンの残虐ぶりを強調して盛り上げた。九月からは、浅草で「尼港遭難実況展覧会」も開催された。遺品やパノラマの展示で、「国辱《こくじょく》」への義憤を喚起することに力が入れられた催しである。

遺族たちは政府にも怒りをぶつける。弔問におとずれた陸軍の代表者たちに遺族は、名誉の戦死ではなく、まったく無駄な死（徒死《とし》）だと嘆き、彼ら犠牲者を孤立無援にした当局の処置は合点がゆかないなど、怨嗟《えんさ》の声があがった。

遺族のなかでも、とりわけ人びとの同情を誘ったのが、石田副領事の長女、石田芳子《よしこ》（当時一二歳）だった。彼女は進学のため帰国していたので難を逃れたものの、父母弟妹を失った。「敵《かたき》を討ってください」という詩を『国民新聞』に発表した彼女は、事件を象徴する悲劇のヒロインとなった。

世論を操る者たち

復讐を求める世論の背後では、尼港事件を奇貨として、北洋漁業の利権を守るのに結びつけようとする漁業家たちもうごめいていた。

かつてシベリア出兵を推進した「出兵九博士」にならい、今度も「七博士」による『ニ港《ママ》問題に関し普《あまね》く国民に檄《げき》す』というパンフレットが作成され、三〇万部が配られた。このパンフレットでは、日本の社会学の父と言われた東京帝国大学教授の建部遯吾《たけべとんご》が、一日も早い増兵を訴えるなどしている。

実は、「九博士」も「七博士」も、仕掛け人は大谷誠夫《おおたにまさお》といい、日露戦争の前後から熱烈な対外強硬派として知られたジャーナリストだった。スポンサーに控えていたのが三浦良次で、彼は北洋漁業のトップ経営者であった堤清六《つつみせいろく》の側近である。

ロシア革命で漁場を荒らされた彼ら漁業家たちにとって、日本軍が増兵してくれれば安全に操業できる。尼港事件はそのきっかけになると、世論操作に資金をつぎ込んだのである。世論の強い風当たりを受けて、田中陸相は大正天皇へ進退伺いを提出する。しかし、田中を評価していた原首相は、六月一九日に大正天皇に拝謁して、辞表の差し戻しに成功した。田中の辞任は認められない理由を、原は高橋蔵相に語っている。参謀本部は薩長の軋轢《あつれき》もあって、我々と同意見の田中も、意のままにならないことが多い。そこで、田中を十分に援助して、その政策を実行させることが国家のためになる(『原敬日記』一九二〇年六月二一日)。参謀本部を従わせるのに、原はまだ田中の力を必要としていた。

加藤高明の出兵批判

原内閣は再び結束したが、野党は内閣を厳しく糾弾する。その代表が憲政会である。一九一七年に外交調査会が設けられた際に、憲政会からは誰も参加しなかった。そもそも、国務大臣が天皇を助けると定めた憲法上の責任(輔弼)を、外交調査会の設置は不明確にしてしまう、というのが表向きの理由である。

しかし憲政会総裁の加藤高明は、腹心の若槻礼次郎《わかつきれいじろう》(のち首相)には、本音を打ち明けた。「もし自分が外交の委員になると、外交についての責任を分担しなければならん。そしてそれは自分だけではなく、自分のために憲政会が、寺内[首相]の外交政策について責任を持つということになり、甚《はなは》だよくない」(『明治・大正・昭和政界秘史』)。

シベリア出兵については、加藤は原敬と同じく、連合国との協調という条件のもとでの限定出兵論者であった。そのため一九一八年夏には、外交調査会で寺内内閣の大規模な出兵方針に抵抗していた原や牧野伸顕にエールを送っている。

加藤と憲政会は、あえて外交調査会に加わらず、出兵をめぐる政策決定では手を汚していなかっただけに、出兵を政府の失策として強く非難できる立場にあった。原内閣のもとでも、シベリア出兵は確固とした目的がない、と加藤は批判し続けた。コルチャーク政権が危機に瀕した際にも、兵力を増強せず、出兵はシベリア鉄道の守備程度に制限するよう提案している。尼港事件直後の憲政会東海大会でも、事件はシベリア出兵の失敗を示すと批判した。「不徹底なる出兵の百害ありて一利なきこと、今回の事件を以て見るも明らかなり」（『加藤高明』下巻）。

加藤高明（1860～1926）　尾張（現愛知県）出身．東大法学部を首席で卒業後，三菱入社．岩崎弥太郎の長女と結婚．1900年外相．13年立憲同志会総理．14年第２次大隈重信内閣で外相．対中強硬外交を進める．下野後は憲政会総裁．24年６月首相就任

原内閣への不信任案

尼港事件の実態がメディアで広く伝わった直後の一九二〇年七月一〇日、憲政会は国民党とともに内閣不信任案を提出している。不信任案は与党の政友会に葬られたが、その法案説明で、憲政会院内総務の武富時《たけとみとき》

敏《とし》はシベリア出兵を痛烈に批判した。

西比利亜《シベリア》問題に至っては、原内閣成立以来其《そ》の措置と云《い》うものは、一定の方針更《さら》になく其の措置悉《ことごと》く宜《よろ》しきを失《うしの》うて、莫大の国帑《こくど》を費《ついや》し我が忠勇なる軍隊には少なからざる犠牲を出し、日本帝国の為《た》めにも露国の為めにも何等《なんら》の成功を収むることなくして、唯《た》だ贏《か》ち得《え》たものは列国の誤解と、其上《そのうえ》に露国内の反対、殊《こと》に露国過激派の激烈なる敵《てき》愾心《がいしん》を挑発したのである。その結果が即ち先般のニコライエフスク大惨虐事件となって現れた。

（『立憲民政党史』上巻）

つまり、原内閣が進めたシベリア出兵で得たものは、アメリカなど列強の誤解や、ロシア人たちの反感ばかりである。その結果こそが尼港事件だ、という。

なお、憲政会の内閣攻撃は、加藤総裁や幹部の浜口雄幸《はまぐちおさち》（のち首相）によって次第に抑制されていく。内閣の攻撃が暴露合戦になって、「国家の声望と尊厳とを列国によって傷つけられてはならぬ」という配慮だった（『三木武吉』）。

だが言論人たちは黙ってはいない。与謝野晶子は出兵を推進した政府にこそ、この事件の責任があると書く。「ニコライエフスク事件に対する義憤を、唯《た》だ専《もっぱ》ら無頼の劫盗《ごうとう》たるパルチザンにばかり向けることは決して今日の日本人の為し得ない所」だとして、国民の怒りの矛先を変えようとした（「女子より見たる尼港事件」）。

雑誌『東洋経済新報』の石橋湛山は、国民に冷静になるよう呼びかけた。世論が復讐に向かうのは軍閥・財閥・党閥の企みで、「我《わが》国家に取って、百害あって一利なき」とし、政府による「尼港事件の悪用」を警戒していた（『石橋湛山』）。

北サハリン占領へ

与謝野や石橋の努力もむなしく、尼港事件は北サハリン占領に道を開くステップボードになった。

原は一九二〇年六月一二日に、山県から北サハリン占領の了解を取りつける。そして六月二八日の閣議で、サハリン州の「必要と認める地点を占領」することが決まった。

七月二日の閣議決定により、ニコラエフスクの救援のために設けられた北部沿海州派遣隊は名前を改め、児島惣次郎《こじまそうじろう》陸軍中将を司令官とする、薩哈嗹《サガレン》州派遣軍（約四六〇〇人）として、サハリン州内の「必要と認める地点」を占領することになった。本書では、この部隊をサハリン州派遣軍と表記する。

さらに日本政府は、七月三日にロシア領の北サハリンを「保障占領」することを宣言した。「保障占領」とは、ロシアに責任ある政権が樹立され、尼港事件が解決されるまでの担保としての占領を意味した。また原内閣は、サハリン州派遣軍が直接統治する軍政を敷くことも、七月二七日に閣議決定した。

ではなぜ、尼港事件により「保障占領」するのが、事件現場のニコラエフスクではなく、北サハリンなのか。アメリカのベインブリッジ・コルビー国務長官は、「保障占領」に抗議するとともに、そこに疑問を呈した。国務長官と八月一三日に会談した幣原喜重郎駐米大使（のち首相）は、北サハリンは日本領の南サハリンとニコラエフスクとを連絡する交通の要衝であり、ニコラエフスクに駐留する日本軍、ならびに日本人居留民の安全を確保するため占領した、と釈明した。

真相は、日本に北サハリンへの領土的な野心があったためだ。原首相はこの機会に、北サハリンのアレクサンドロフスクを、「将来領土となすの方針を以《もっ》て半永久の計画」を立てると、田中陸相には話していた（『原敬日記』一九二〇年六月二五日）。

そうした首相の意向を感じてか、尼港事件を露骨に歓迎する大臣もいた。大木遠吉《おおきえんきち》法相は、日露戦争ではサハリン島の南半分を得たが、「今度の尼港の事件が如何《いか》なるものを日本に獲得し能《あた》うか」と述べ、この事件で亡くなった人びとの「功績収利《しゅうり》は実に偉大」とも記者に語った。さすがに、この発言が報じられると議会で非難され、大木は発言を撤回した（『日ソ政治外交史』）。

「保障占領」の始まり

日本による「保障占領」が始まり、北サハリンの情勢は一変した。

一〇月革命後の北サハリンでは、シベリア各地と同じく、革命派と反革命派が争っていた。コルチャーク政権が壊滅したことで、一九二〇年一月には革命派の政権が成立する。だが四月にニコラエフスクへ向かう尼港派遣軍が上陸したことで、その政権は崩壊した。

サハリン島に上陸した尼港派遣軍には、参謀本部第二部ロシア班員の三毛《み け》一夫《かず お》陸軍少佐が変装して加わっていた。彼はロシア帝国時代のサハリン州知事、ドミートリー・グリゴリエフを伴い、彼を首班に、北サハリンに傀儡政権を打ちたてようとしたが、失敗する。北サハリンの石油採掘事業を独占しようとする海軍を、グリゴリエフが阻止しようと画策したからである。

北サハリンはサハリン州派遣軍によって直接統治されることになった。一九二〇年八月には、北サハリンの中心都市アレクサンドロフスクに、サハリン軍政部が設置される。軍政部長はサハリン州派遣軍参謀長が兼任する。軍政部は日本人とロシア人で構成され、ロシア帝国の元官僚で構成された評議会がその諮問機関となった。

さらにその下に、二つの軍政署が設置された。大陸方面と北サハリンの西半分はアレクサンドロフスク軍政署、北サハリンの東半分をルイコフスコエ軍政署が管轄する。その他の重要な地点には、軍政支署が置かれた。

一九二一年五月には、海の解氷を待って、派遣軍の一部がサハリン島対岸の大陸側にも派兵される。七月一日には、尼港事件が「満足なる解決を見るに至る迄」、サハリン島の対岸部も占領を続けることを閣議決定した（『日外』大正一〇年第一冊下巻）。

北サハリンへの移民増加

先走るが、その後の北サハリンについても簡潔に述べておこう。

第5章と第6章で論じるように、尼港事件の謝罪と代償を求める交渉は容易にはまとまらなかった。それにつれ、日本軍による北サハリンの占領は長期化する。

その間に、民間人の渡航者や移住者は増えていった。まず日本領だった南サハリンから企業や人びとが進出した。一九二〇年一〇月末までに、一六五〇人もの日本人が北サハリンの中心地、アレクサンドロフスクに住みつく。街の名前も、ニコラエフスカヤ街が備前町に、キルピーチナヤ街が大手町など、日本風に改められた。

なお、北サハリンへの日本人移民については、原首相の日記に気になる記述がある。「飯野吉三郎《いいのきちさぶろう》来訪、都下《とか》流浪の者を可也《かなり》サガレン地方に送出を可《か》とし既に計画せし由《よし》にて其《その》助力を求めたり」（『原敬日記』一九二〇年七月二四日）。

飯野は、皇室にも影響力のあった宗教家で、「日本のラスプーチン」とも呼ばれていた。ラスプーチンとは、皇太子の病気を癒したことでロシア皇室の信頼を勝ち得た、ロシア帝国末期の怪僧である。

飯野はサハリンに、東京の「流浪の者」を多数送り込む計画を立て、原首相に賛同を求めた。原は、国家のためになる案だとして、助力を請合っている。下層民を都市から追い出し、新たな「植民地」へと入植させる、あざとい戦略が浮かび上がる。

以上のように、北サハリンへの入植に期待をかけた日本人は多かった。だが日本軍の撤退したハバロフスクや、革命軍の迫るウラジオストクから逃げてきたロシア人、朝鮮人、中国人の難民の数はそれを上回る。二代目のサハリン州派遣軍司令官の町田経宇《まちだけいう》陸軍大将は、一九二二年の春から七月までの間に、その数は八〇〇〇人以上にものぼったことを上奏した。人口の増加に対処できずに、サハリン島では物資が欠乏して、物価の高騰が問題となってゆく。

資源獲得が最優先の北サハリン統治

物資不足の原因は、陸続きの日本領である南サハリンとの間に、満足な交通網が整備されなかったことにもある。生活物資の輸送は船舶に頼らざるをえなかったため、港のあるアレクサンドロフスクに日本人は集住した。南サハリンの商工界からは、北サハリンへ通じる鉄道敷設が田中陸相に要望されたが、陸軍は予算不足を理由に却下した。

「保障占領」というあいまいな領有のもとでは、日本政府としても、北サハリンの民政に思い切った投資はできなかった。また北サハリンへの出兵や占領にかかる経費は、ザバイカル州など、シベリアからの撤兵で浮いた費用を当てることで、追加予算を確保しなかったことも一因である（『原敬日記』一九二〇年七月二日）。

町田司令官は不満を募らせ、「霞ヶ関の官僚」の「極端なる消極無為主義」により、軍政の予算が年々削られていると、上原参謀総長に宛てた書簡で嘆く。この状況では、たとえ児玉源太郎《こだまげんたろう》台湾総督や、彼を総督府民政長官として支えた後藤新平といった、台湾の統治で名を残した二人でも、「美績《びせき》を奏する事は不可能」、すなわち、功績を残すことはできないだろうとも愚痴をこぼしている（『上原勇作関係文書』一九二二年五月二九日）。

その一方で、炭鉱や油田の開発は、民間資本が参入して、急速に進む。日本企業の組合「北辰会」には、サハリン州派遣軍から優先的な開発権が与えられた。資源の採掘は、海軍が監督下に置いた。

アメリカ企業のシンクレア石油やイギリス企業も、北サハリンの油田開発に参入しようとしたが、いずれもサハリン州派遣軍が阻止している。この件は、シベリア出兵をめぐる日米関係を、さらに悪化させることになった。

カムチャツカ半島への艦船派遣

尼港事件をきっかけに、シベリア出兵の範囲はさらに北へと広がりを見せる。サハリン島の北にあるカムチャツカ半島まで、日本海軍の艦船が出動するのが日常化していった。

露領水産組合の要請により、海軍が海防艦「武蔵《むさし》」の派遣を決定したのは、一九一八年四月にさかのぼる。この地域で操業する日本の漁業者を保護するため、「武蔵」はその年の夏の間、カムチャツカ半島の周辺を巡航している。さらに、カムチャツカ半島の中心地ペトロパブロフスク（現ペトロパブロフスク・カムチャツキー）で「武蔵」は、ロシア人の「過激派」に対抗する「温和派」に荷担して、物資の支援もした。

一九一九年にも、やはり露領水産組合の要請で海軍は艦船を派遣しているが、駆逐艦二隻にとどまった。しかし、尼港事件の起きた一九二〇年には、駆逐艦四隻と特務艦に加え、六月に軍艦「新高《にいたか》」が急遽、カムチャツカ半島へ派遣された。それ以降、海軍は次々に艦船を追加派遣していく。派遣されるのも軍艦が中心となり、それまでは日本の母港に引き揚げていた冬季にも、カムチャツカ半島周辺で越冬するようになった。

こうしてカムチャツカ半島は、日本の影響下に入った。以降、一九二二年秋まで、オホーツク海では日本軍の艦船がにらみをきかせることになる。

2　間島への越境、ウラジオストクへの執着

撤兵を言い出した山県有朋

話を一九二〇年の尼港事件以降の日本の政界に戻そう。

新たに北サハリンを占領したとはいえ、一九二〇年末になると、もはやシベリアでは出兵を続けても先がないことは明らかだった。この年の初めにコルチャークが銃殺されて以来、ホルヴァートはハルビンを追放され、セミョーノフもチタを棄てて亡命した。シベリアでは、人材不足の反革命軍に、もはや日本が希望を託せる駒はなかった。すでに四月には撤兵を完了したアメリカも、出兵を続ける日本に疑いの目を向けていた。

山県有朋も、英米の態度も変化してきたと前置きして、原首相に撤兵を持ちかける。「樺太は現在の通《とおり》にて可《か》なりと思うも」、「浦塩《ウラジオ》方面より撤兵しては如何《いかが》」。つまり、「保障占領」する北サハリンはそのままとして、沿海州からは手を引くように、という助言である。原はその真意をつかみかね、返事を留保した（『原敬日記』一九二〇年一二月八日）。

実は、この半年前、原も似たような撤兵案を山県に持ちかけている。ウラジオストクを除いて、他の場所ではすべて撤兵する。「北樺太」は、ロシアで責任能力のある政府ができるまで日本が占領したままにする、というものだった。山県は「同感なり」と賛成していた（同前一九二〇年六月一二日）。一見すると、二人の考え方に大きな違いはないように思われる。

原首相、撤兵を拒む

しかし、一二月に山県から撤兵を提案された原首相は、ソヴィエト政府を承認する場合は例外だが、いま撤兵するのは論外である、と田中陸相に語っている。

原と山県の撤兵案の違いは、沿海州南部の港町ウラジオストクにあった。原は山県と違い、この街への出兵は続けたいと考えていた。

原はウラジオストクにこだわる理由について、一九二一年一月二四日の貴族院本会議で、次のように述べている。

ウラジオストクに兵を置くのは、「自衛的已《や》むを得ぬ処置」である。なぜなら、この地方における政治的な情勢が変われば、「直ちに鮮満《せんまん》地方の情況に波及する」。「鮮満」とは、日本が植民地とする朝鮮半島と、満鉄などの利権を持つ満洲を指す。これらへ、ロシアの「過激主義」（共産主義）の影響が及んでこないようにするための駐留だという。

またウラジオストクには、七〇〇〇人の日本人が住む。そのため「多少の兵」を駐留させて、彼らの生命財産を保護する必要があるという。

さらに、ウラジオストクに日本軍が駐留していればこそ、ロシアの過激主義者と朝鮮人運動家が結びつくようなことを防ぐことができる。もし駐留しなければ、ウラジオストクという「不逞鮮人《ふていせんじん》の策源地」をそのまま放置することになり、「不逞鮮人と過激主義の者と密接なる関係は無論に生ずる」。「不逞鮮人」とは、日本の朝鮮統治を揺るがす朝鮮人に対する差別語である。

日本の植民地である朝鮮を守り、朝鮮人の独立運動を抑止したい原からすれば、山県の主張するウラジオストクからの撤兵は時期尚早だった。

田中も、山県からウラジオストクからの撤兵を提案されたことを原が話すと、それは大変だ、いまは「琿春間島辺《こんしゅんかんとうへん》の現況に照らすも不可なり」と、撤兵に反対した(『原敬日記』一九二〇年一二月一〇日)。

田中の言う、琿春や間島の状況とは、何を意味するのだろうか。実は日本は、この地域で新たな軍事行動を展開していた。そのことが、ウラジオストクからの撤兵を遅らせる一因となっていた。

朝鮮独立運動の拠点、間島

一九二〇年秋、原内閣が新たに派兵したのが、中国と朝鮮、ロシアの三ヵ国が国境を接する間島地方である。日本の植民地だった朝鮮半島とは豆満江《トゥマンガン》をはさんで向かい合う、中国領であった(現中国吉林省延辺朝鮮族自治州)。

この地域への出兵は、前年の一九一九年三月、朝鮮半島で大規模な民族運動がわき起こったことが関係する。いわゆる三・一独立運動である。

この運動を日本側は武力で鎮圧したが、多くの朝鮮人の運動家が弾圧を避けて、間島地方へ逃げこんだ。間島地方は、ロシアで活動していた朝鮮人活動家も、日本軍のシベリア出兵を避けて移っていたため、独立運動の一大拠点となる。

間島地方では、一九二〇年春頃から、日本人の居留民と抗日勢力とのあいだで紛争が頻発していた。また国境を越えて、抗日勢力が朝鮮半島に攻撃をしかける事件も起こる。朝鮮軍司令官の宇都宮太郎は、「自衛」の名のもとに彼らを追撃して、間島地方へ出兵することを考え始めた。

折しも一九二〇年一〇月二日、間島地方の中心都市である琿春《フンチュン》で、日本領事館が襲撃されて炎上し、日本人の住民にも死者が出る。朝鮮総督の斎藤実《まこと》海軍大将（のち首相）の要請を受けた原内閣は、居留民を保護して、「不逞鮮人の禍根《かこん》を一掃するため」、一〇月七日に朝鮮軍（第一九師団）の出兵を閣議決定した。

宇都宮はすでに朝鮮軍司令官を辞していたが、閣議決定を知り、大いに満足している。「罹災《りさい》官民は気の毒」だが、「予《か》ねて計画希望せる方向に進展しつつあるは、寧《むし》ろ最后《さいご》の平和の為には喜ぶべき」（『日本陸軍とアジア政策』一九二〇年一〇月九日）。

間島の位置

出典：林雄介「中朝国境と日本帝国主義」『日本の時代史24』（吉川弘文館，2004年）

日本軍の間島出兵

出兵は、間島の主権を有する中国の反対を無視して行われた。その背景には、日本政府が一九一五年の対華二一ヵ条の要求と南満東蒙条約で、間島地方の朝鮮人も「日本人」であり、それゆえ彼らの土地には日本政府の管轄が及ぶ、と主張していたことがある。

さらにこの地域に影響力を持つ、張作霖の親日的な態度も出兵を可能にした。張作霖は中国政府には、日本の出兵を断念させると伝えていた。だが日本側には、間島地方の「不逞鮮人」の取り締まりに関しては、表向きは抗議する場合もあるかもしれないが、実際は日本軍を入れて「勝手に討伐するも更に異議なし」と伝えていた（『原敬日記』一九二〇年八月三日）。張作霖は日本側の好意を得ようと、二枚舌を使っていたのだ。

間島に出兵した日本軍は三七五名を射殺し、民家、学校、教会など三百余棟を焼いた。事件はカナダ人の宣教師や、奉天（現中国遼寧省瀋陽《シェンヤン》）駐在のアメリカ総領事の目撃情報によって世界に広まり、日本は国際的な非難を浴びることになる。間島地方での「討伐」は一九二〇年一一月末まで続き、撤兵の完了は翌二一年五月八日となった。討伐を逃れた朝鮮人たちは、ロシアへと逃げ込んでいる。

間島出兵は中国政府との関係を悪化させ、一九二一年一月に日華陸軍共同防敵軍事協定が廃止された。陸軍は特に反対しなかった。中国政府に代わって、張作霖を援助して北満洲で権益を確保する方針が、この頃に固まっていたからである。田中陸相は、ウラジオ派遣軍・朝鮮軍・関東軍の三軍の司令官に、「張作霖とは十分な親交を保つべき事」を訓示した（同前一九二一年一月一一日）。

沿海州からの撤兵を遅らせた間島出兵

間島出兵はシベリア出兵の延長線上にある。その理由を四点あげよう。

第一に、琿春での襲撃について日本側は、「過激派的色彩を有する暴徒」に指導され、襲撃者には「百余名の不逞鮮人、五名の露国人」がいたと考えていた（一九二〇年一〇月八日の外務省声明）。

朝鮮人の抗日運動をロシアの共産主義者が後押ししているのではないか、という日本側の恐れも、根拠がないわけではない。この時期、ボリシェヴィキと朝鮮人の運動家たちは急速に接近していた。

第二に、朝鮮人の民族運動の盛り上がりには、チェコ軍団の支援があった。独立を達成した「チェコに学ぼう」のスローガンのもと、一九一八年九月には朝鮮民族大隊の設立が準備された。これに、チェコ軍団の指導者の一人、ラドラ・ガイダ陸軍大尉も関与していたという。一九一九年三月にはウラジオストクで大韓国民議会が設立されるが、これはチェコスロヴァキアの国民会議を意識したものだった。

第三に、間島に出兵した鎮圧部隊には、ハバロフスクからの帰還兵である、第一四師団の一個旅団も動員された。参謀本部の反対を押し切って、一九二〇年九月一〇日に原内閣は、ハバロフスクからの撤退を閣議決定した。日本に戻るその部隊を間島に派兵し、戦闘には参加させず、「示威行動」に用いたのだった。同部隊は、やはり朝鮮人への「示威のため」、朝鮮半島を陸路で帰国させることも原内閣は決めている（『原敬日記』一九二〇年一〇月七日）。

そしてもっとも重要な第四点は、田中陸相が原に語ったように、間島への出兵が、ウラジオストクからの撤兵を拒む理由にされたことだ。間島と、ウラジオストクのある沿海州南部は国境をはさんで隣り合う。間島での「討伐」を成功させるためにも、沿海州南部で日本軍がにらみをきかすことが必要とされた。

こうして沿海州からの撤兵は遠のき、一九二〇年は暮れていく。

第5章　沿海州からの撤兵――一九二一～二二年

1　極東共和国との交渉――原敬首相の暗殺

再びアメリカに接近するソヴィエト政府

日本が交渉の席に着くことも、全面的な撤兵に踏み切ることもないなか、ソヴィエト政府はアメリカに接近し、日本に圧力を加えようとしていた。そこには、アメリカにおける政権交代が関係している。

ソヴィエト政府は、ウィルソン政権（民主党）には関係改善を期待できなかった。一九二〇年三月に就任したコルビー国務長官は、イタリアの駐米大使に宛てた手紙で、ソヴィエト政府を承認しない理由を「ボリシェヴィキ政府は暴力によって権力を握り、ロシア人民の代表ではない」と説明していた。「コルビー・ノート」と呼ばれる八月一〇日付のこの手紙は公表され、ウィルソン政権の基本指針と見なされていた。

しかし、一九二〇年秋のアメリカ大統領選挙で、民主党は敗北した。翌年一月、共和党のウォレン・ハーディングが新大統領に就任する。

ハーディング当選を見越して、レーニンは前年から根回しをしていた。一九二〇年一〇月には、ハーディングの手紙を携えてモスクワを訪問した鉱山技師、ワシントン・ヴァンダーリップに、カムチャツカ半島における石炭、石油、漁業資源の開発権を約束した。ただし、翌年七月までにアメリカがソヴィエト政府を承認することが条件である。

この契約を結んだ直後に、『タイムマシン』や『宇宙戦争』などで有名なイギリスの作家、ハーバード・ウェルズと会見したレーニンは、その思惑を打ち明けた。ヴァンダーリップとの取引は、日本のシベリア侵略に対抗する米露防衛同盟への第一歩である。アメリカにロシア太平洋岸で海軍基地の建設を認め、アメリカ企業に経済権益を譲渡する長期契約を結ぶのを楽しみにしている、と。

だがレーニンの率直すぎる発言は、ソヴィエト政府がアメリカに接近するのは、日米を争わせるための策略であると、アメリカで警戒される原因となった。

レーニンの誤算

一九二一年三月二五日、国交正常化を求めるソヴィエト政府の呼びかけを、ハーディング政権のチャールズ・ヒューズ国務長官は拒否した。ロシア国内の現状をみれば、米ソ間の貿易の発展は不可能と思われる。それゆえ通商関係の樹立は当面考えられない、という声明だった。

モスクワは衝撃を受けた。ヴァンダーリップはニューヨークの著名な銀行家、フランク・ヴァンダーリップの遠縁だったので、アメリカ政府に影響を与えられると勘違いしていたのである。だが、ハーディング政権の政策を左右できるほどの人物ではなかった。

日本の影響下にあるカムチャツカ半島に、アメリカ資本を呼び込むことで対米関係を強化し、日本を牽制しようというレーニンの目論見は外れた。

アメリカへの期待がしぼむなかで、ソヴィエト政府はドイツに接近する。ドイツもまた、米英仏の主導する国際政治のもとで提携先を求めており、一九二一年五月に両国は臨時通商条約を結ぶ。これが、翌年に両国が結ぶラパロ条約の布石となり、経済的にも軍事的にも同盟関係に入る。図らずも、日本人が出兵を始めるときに恐れた「独露《どくろ》東漸」は、現実になりつつあった。

さらに、ソヴィエト政府の影響下にある極東共和国もアメリカに期待せず、日本との直接交渉を模索する。一九二一年一月以降、通商関係の樹立と撤退についての交渉を、日本に再三呼びかけるようになった。

不評のシベリア出兵

極東共和国から呼びかけられた日本国内では、尼港事件の興奮も冷め、各紙の出兵批判は辛辣さを増していた。

『東京朝日新聞』は「西伯利対策の失敗」と題して、シベリア出兵は「終始一貫不徹底を極め幾度《いくど》か失敗を繰返し今や行詰《ゆきづまり》の極《きわみ》」だと評した(一九二〇年一一月七日)。

かつて出兵を支持した『読売新聞』では、一九一九年九月に本野家が経営から手を引き、伊達源一郎も社を去る。新たに社長となった松山忠二郎《まつやまちゅうじろう》は、白虹事件で退社した元『東京朝日新聞』編集局長である。松山は白虹事件で朝日を退社した記者を集め、『読売新聞』は出兵批判に転じた。

同紙によれば、一九二一年一月の時点で戦死者は一〇一七名、負傷者は八一九名を数える。病死者も相当の数に達しているはずだが、陸軍省医務局も把握していないほどだという。しかし、「一千名以上の同胞を異域《いいき》の鬼として徒《いたずら》に其《その》遺族を悲嘆の涙に暮れさせたに拘《かかわ》らず、西伯利の形勢は依然《いぜん》元の木阿弥《もくあみ》であって、出兵をせずに捨て置いたのと大した変りはない」(一九二一年一月二二日)。

世論の厳しさもあって、田中陸相も、北サハリンは別としてもシベリアからは撤兵するのが得策だと、原首相に語る。だが、ウラジオストクにこだわる原は即答しなかった(『原敬日記』一九二一年四月八日)。

外交交渉に応じた原内閣

それから間もない一九二一年四月一三日に、小幡酉吉《おばたゆうきち》駐華公使を通じて、極東共和国のイグナチー・ユーリン外相から、国交樹立を呼びかける英文の覚書が届けられる。原内閣は、極東共和国との非公式交渉に応じて、交渉が成立したならば、沿海州と北満洲から撤兵することを、五月一三日に閣議決定した。

この方針転換の背景として、一九二一年四月一〇日から、ヨーロッパの経済復興のためにイタリアのジェノヴァで会議が開かれていたのを見逃すことはできない。この会議には三一ヵ国が参加し、ソヴィエト政府からも、チチェーリン外務人民委員が代表団を率いて参加していた。ヨーロッパ各国は、ソヴィエト政府を国際社会のなかに迎え入れようとしていた。日本も、いつまでも革命政権を否認していては、国際政治で取り残される可能性が出ていた。

覚悟を決めた原首相は山県を訪れ、参謀本部は撤兵に反対だがしかたない、と告げる。山県は、軍人は反対でもこれ以外に良策はないと、撤兵に理解を示した。軍人に相談してはダメだ、この間もウラジオ派遣軍司令官の立花小一郎《たちばなこいちろう》陸軍大将が来た。撤兵後のことを言うので、「大勢不可」であり、国家財政にとっても「無益の費用」を除くためであると論破した、とも語る（『原敬日記』一九二一年五月三一日）。

この頃、上京していた立花司令官は、上原参謀総長や田中陸相にも撤兵反対を働きかけたが、山県の鶴の一声で、陸軍の方針は撤兵に決まった。

山県の了解を取り付けた原首相は、大正天皇にも、「相当の条件」がまとまれば撤兵すると上奏する。日本の撤兵の行方は、極東共和国との交渉次第となった。

田中陸相の辞任

原首相に撤兵を進言した田中陸相は、それから間もなく、心臓病を理由に辞表を提出する。原は、辞職はやむをえないが、ウラジオストクからの撤兵に関する訓令は、ぜひ田中の在職中に決定しておきたい、と加藤友三郎海相に語った。加藤も、参謀本部が不同意でも行うべきだと賛成した。しかし果たせないまま、田中は六月九日に辞職した。

陸相の後任には、田中の推薦を山県が容れて、陸軍次官を務めていた山梨半造が昇格した。山梨は現在の神奈川県出身だが、陸軍のエリート養成校である陸軍士官学校と陸軍大学校で田中と同期であり、田中の後ろ盾で出世してきた。そのため、陸軍省には田中の「院政」が敷かれることになる。

田中は、上原参謀総長も道連れにし、教育総監兼軍事参議官の秋山好古《あきやまよしふる》陸軍大将に代えようと原に相談する。秋山は、司馬遼太郎の小説『坂の上の雲』の主人公の一人として名高い。日本における騎兵の第一人者である。「極めて平凡の人物を採用したし」というのが田中の考えで、皮肉にも、その眼鏡にかなった軍人だった（『原敬日記』一九二一年六月四日）。

この人事は、山県の反対で実現しなかった。山県は、一九二一年三月から裕仁《ひろひと》親王がヨーロッパを歴訪中なのを理由にした。「御留守中に、陸軍の首脳部に異動を起すということは、はなはだよろしくない。御帰朝《ごきちょう》になってからの事にするがよかろう」（『明治反骨中将一代記』）。

後任の山梨陸相も、秋山への交代を狙う。山梨からもこの案を聞いた原は、大きな期待を寄せた。

「是《こ》れにて従来参謀本部が常に軍国主義を固持して陸軍大臣に抗争し、即《すなわ》ち閣議にも影響せしめ、田中等が常に板ばさみとなりし事を除く事を得《う》べき計画なり」（『原敬日記』一九二一年七月二日）。

だが、やはり山県が上原の辞職を許さない。この間に、勇退を決意した上原が、山県に直接会って辞意を伝えたが、皇太子の摂政就任など大切な問題もあることだからと、山県は認めなかった（同前一九二一年七月二四日）。

山県は当時、皇太子妃選定問題で世間の批判にさらされたばかりで、その威信は大きく傷ついていた（宮中某重大事件）。しかし、陸軍の重要な人事は、自身が左右することを原内閣に見せつける。結局、皇太子は一九二一年九月に帰国し、一一月に摂政に就任したが、上原は参謀総長にとどまった。

極東共和国大統領の失脚

その頃ハルビンでは、正式な交渉に先立ち、極東共和国のインノケンチー・コジェヴニコフ外務次官と、ウラジオ派遣軍政務部から派遣された島田滋《しまだしげる》ウラジオストク副領事が、六月から予備交渉を開いていた。

この予備交渉にあたって、日本への利権の供与を交渉材料としてよいものか、極東共和国を指導する党機関（極東ビューロ）からモスクワに照会があった。モスクワのチチェーリン外務人民委員は反対する。ロシア共産党で重要な問題を審議する政治局も、チチェーリンを支持した。

六月二一日にチチェーリンは、日本が協定を締結して、極東共和国の領土からも撤退しない限り、日本人への利権は供与しない、と極東共和国のユーリン外相へ打電した。シベリアからの撤兵なくして利権供与なし、というのが、モスクワの方針である。

だが極東共和国は指示に従わなかった。ハルビンでの予備交渉で、極東共和国は森林と鉱山の利用について、日本に特権を与えると約束する。さらに三井合資会社の代表とも交渉し、仮契約を結んでしまう。

モスクワに無断で日本企業と契約したことは、極東共和国の失策とされ、アレクサンドル・クラスノシチョーコフ極東共和国大統領の責任問題へ発展した。ロシア共産党政治局は七月七日、彼のモスクワ召還を決定した。さらにその人脈に連なるユーリン外相とコジェヴニコフ外務次官も失脚した。

クラスノシチョーコフ大統領は、古参の革命家である。流刑先のシベリアから脱走し、亡命したアメリカのシカゴでは弁護士をしていた。一九一七年の二月革命後にロシアへ帰国し、ボリシェヴィキに加盟している。「シベリアは共産主義の機が熟していない」ので、緩衝国家を樹立するアイデアを出したのは彼だった。

アメリカ流の民主主義を掲げ、英語を流暢《りゅうちょう》に話すクラスノシチョーコフを極東共和国の大統領にしたのは、アメリカの同情を買って、日米間を裂くモスクワの戦略だったという見方もある。しかしモスクワと、極東ビューロ、そして極東共和国の三つ巴《どもえ》の政争に巻き込まれ、使命を全《まっと》うできずに彼はシベリアを去った。この一件はまた、日本が交渉相手とする極東共和国の脆《もろ》さと、交渉ではモスクワの方針が優先されることを物語っていた。

大連会議——一九二一年八月〜二二年四月

そうした相手の内情は知らず、原内閣は一九二一年七月八日に、極東共和国と非公式の「通商問題の商議」に入ると閣議決定した。

その前日、アメリカからワシントン会議に招待されていたのは見逃せない。この会議は、まず軍縮問題、さらに太平洋の国際問題を解決するため、アメリカが開催を呼びかけたものだ。原内閣は、アメリカがシベリア出兵の問題に介入してくるのを恐れ、その前に極東共和国と協定を結ぶことを望んだ。

七月一二日に原内閣は、撤兵の条件を決めている。交渉で貫徹すべき七条件として、極東共和国の非共産主義的な民主制度の実行、朝鮮や日本での共産主義の宣伝禁止、日本の既得権の尊重、ウラジオストクを非軍事化して商港に限定する、などの要求が盛り込まれていた。日本が「戦勝国」として突きつける、厳しい条件だった。

それでも参謀本部には、撤兵に不満が渦巻いていた。参謀本部第二部が作成し、一九二一年八月一日に陸軍次官に手渡された調書では、「撤兵は百害あるも之《これ》が為享受し得《え》る利益は極めて僅少なる可《べ》く」、「対露親善は却《かえ》って根本より破れ、我が大陸政策は茲《ここ》に大動揺を来《きた》す」と批判している（「撤兵後に於ける西伯利政情の予想及其帝国に及すべき影響に就て」、JACAR: C03010299700)。

原内閣は、参謀本部も妥協できる撤兵条件を、極東共和国から引き出さねばならなかった。だが、八月二六日から大連で開催された本会議は不調に終わる。ソヴィエト政府の代表も参加させるのか、といった手続上の問題でもめたのに始まり、撤兵問題で険悪となったためだ。

九月八日に、松島肇《まつしまはじめ》ウラジオ派遣軍政務部長は、日本は自主的に撤兵するつもりだから、協定には撤兵の条項を入れないのを交渉の条件とした。しかしフョードル・ペトロフ極東共和国首相代理は、日本軍が撤兵しなければ協定には調印できないと反発する。会議は暗礁《あんしょう》に乗り上げた。

撤兵の代償に利権を求める日本と、撤兵なくして利権なしを貫く極東共和国。双方の隔たりはあまりに大きかった。

撤兵の代償を求める原首相

大連会議が成果もなく続いていた一九二一年一〇月九日、甲府における政友会関東大会で、原首相は聴衆に訴えた。極東共和国との協定締結に希望を抱いていたものの、大連会議の停滞で問題は振り出しに戻ってしまった。そのため全面的な撤兵の見通しが立たないと。

その一方で原内閣は、「極東共和国との軍事協定案に関する件」を、一〇月二五日に閣議決定している。大連会議が成功した場合、日本が極東共和国に突きつける、もろもろの軍事行動の制約と、ウラジオストクの要塞廃棄など、日本側にとって都合のよい内容であった。

山梨陸相は、たとえ協定が結ばれても、それが実行に移されるのか見守るため、ウラジオストクに多少の兵は残したいと考えていた。説き伏せたのは原である。彼はそうした考えを「排斥」して、協定が成立したらすぐに撤兵するように決める。一〇月二五日には山梨陸相から、協定が成立したならば、細部の交渉を待たずに撤兵するよう、立花ウラジオ派遣軍司令官に内訓された。

陸相も参謀本部もウラジオ派遣軍司令官も、内閣の撤兵方針には不満だったが、全面的な撤兵をすぐに実行に移せなかったのは、原首相自身にも原因があった。

振り返ると、原は首相就任前には、出兵に反対し続けた。政権を担ってからも、占領地域を縮小するのに奮闘した。しかし時間が経つほど、何かしらの代償を得る協定を、ロシア側と結ばなければ撤兵できない、という考えに縛られていった。また北サハリンと対岸の占領については、ウラジオストクと違って、「解決までには多少の時日を要す」と、切り離して考えていた（『原敬日記』一九二一年七月一日）。北サハリンから撤兵するには、また別の交渉と代償の獲得が不可欠だというのが原の考えである。

ワシントン会議代表団への訓令

原首相にとって、無条件での撤兵が論外だったのは、一九二一年一〇月一四日に、ワシントン会議へ赴く代表団へ与えた訓令からもわかる。

アメリカは自国が撤兵を完了してからも、なおも出兵を続ける日本に、再三にわたり抗議していた。それは、ウィルソンからハーディングへと大統領が交代しても変わらない。一九二一年六月三日にも、ヒューズ国務長官が、日本がシベリアの占領地で、今後いかなる利権を得ることも認めないという、強い語調の覚書を幣原駐米大使に手渡している。

そこで、ワシントン会議へ派遣される代表団には、日本が出兵を続ける理由を、会議で次のように説明するように訓令された。

ウラジオストク方面の駐兵は、朝鮮に対する「過激派」の脅威、ならびに、沿海州に住む多数の「居留民」に対する危険があるためで、「自衛上」やむをえない措置である。もし東シベリアの政情が安定し、これらの脅威や危険が消えて、日本人が「平和的経済発展」をできるのなら、ただちに撤兵する。すでにこの点については極東共和国と交渉しているので、各国の介入は、かえって事件の解決を遅らせる。そのため、当事国に一任して欲しい。

また、北サハリンの占領は「シベリア共同出兵とは何ら関係ない」。あくまで尼港事件に原因があるもので、国際法上、不当な措置ではない。各国に裁かれると、日本の世論の沸騰は頂点に達するので、「審査裁決」を拒否するように命じている（『日外』ワシントン会議上巻）。

よく言われるように、原の外交政策の基本方針は、アメリカとの協調である。しかし、そのアメリカが何と言おうと、ウラジオストクや北サハリンから無条件では撤兵できなかった。

原首相暗殺

ワシントン会議の代表団を見送ってからも、原首相は多忙な日々を送っていた。

一九二一年一一月四日にも、原は閣議をこなし、大正天皇に拝謁した上に、官邸では『ミラード・レヴュー』記者の董顕光《ドンシエングワン》からインタヴューを受けた。原はここで、満洲とモンゴルで、日本がこれまで獲得した権益を拡大するのは望まないとしながらも、その維持には強い意欲を示している。

その後、いったん自宅に戻った原は、京都で開かれる政友会近畿大会に出席するため、東京駅へ向かう。この日の朝に高橋蔵相は、「地方大会などに一々《いちいち》君が行かないでも誰か外《ほか》の人をやったらよかろう」と強く引きとめた。しかし原は、「自分の行くのを待っているから」と出かけていった（『高橋是清随想録』）。

午後七時三〇分発の急行列車にのりこむ原を、駅長は改札口へ案内する。事件はそのときに起きた。原は短刀で胸を刺され、駅長室にかつぎこまれたが、そこで息を引き取った。享年六五。現職の首相が暗殺されたのは日本史上初である。

犯人の中岡艮一《なかおかこんいち》は一八歳の山手線大塚駅の職員で、動機の一つに尼港事件における原の責任をあげている。中岡と右翼団体のつながりも指摘されているが、真相は藪《やぶ》のなかだ。

生前に原は、「余り長く政府に居《い》ると馬鹿になる。大局が見えなくなるのだ。まア三年だね。三年もやったら新手と代わるのがよい」と、引退をほのめかすこともあった（『原敬伝』）。

だが、元老の山県有朋の考えは違った。同じく元老の西園寺公望は証言している。「山県は初めはそうではなかったが、晩年には原を信用して、どうしても此処《ここ》は原にやらせねばならない。せめて三年位は原に働いてもらわねばならないと、度々《たびたび》わたしに話した」（『西園寺公望自伝』）。

それだけに、原の暗殺を知った山県は落胆し、「頗《すこぶ》る残念だと言われて涙を流さる」（『大正デモクラシー期の政治』一九二一年一一月五日）。その山県も、翌年二月一日に病死する。

原が暗殺されて間もない一九二一年一一月二五日には、皇太子の裕仁親王（のちの昭和天皇）が摂政に就任した。摂政は、天皇が幼少、あるいは長期の病気で政務がとれないときに置かれる。もともと病弱だった大正天皇は、天皇になってからのストレスで体調を崩し、一九二〇年七月以降は事実上、引退状態にあった。

それまでシベリア出兵の舵取りをしてきた原、田中、山県の三人は政界を去った。大正天皇その人もまた表舞台から姿を消して、シベリア出兵、そして大正時代も一つの曲がり角を迎える。

2　ワシントン会議での「公約」——追い込まれた日本

決着のついたロシアの内戦

原首相の死の翌年、つまり一九二二年、ついに日本は、内外の圧力により撤兵を強いられる状況に陥った。

その理由は、第一にロシアで反革命派の敗北が必至になったこと。第二にアメリカで開催されたワシントン会議で日本代表が撤兵を明言させられたこと。第三に国内で野党や世論が撤兵を政府に強く迫るようになったためである。まずは、ロシアの内戦の終盤について記そう。

ウラジオストクでは、一九二〇年末に沿海州臨時政府が極東共和国の傘下に入った。しかし、各地から流れ着いた反革命軍の残党が、翌年五月二六日のクーデターで政権を奪取する。「臨時沿《プリ》アムール政府」と名乗ったこの政府は、首班の名前をとって、メルクーロフ政権とも呼ばれる。メルクーロフ兄弟はウラジオストクでも有数の実業家で、新政府を率いた弟スピルドンはロシアからの中国人排斥を呼びかける、人種差別主義者としても知られていた。

ただ、原内閣はこの政権に冷ややかで、「日本軍撤退せば直に倒壊する」と、一九二一年七月八日の閣議決定で言及している。そのため、すでに見たように、極東共和国と大連会議で協議する道を選んでいた。

メルクーロフ政権は、その実力を証明しないと、日本をはじめとする国際社会の支援は得られない。そこで部隊を北進させ、一九二一年一二月二二日にハバロフスクを占領する。ハバロフスクは、ロシア帝国時代には沿《プリ》アムール総督府が置かれていた地域の政治的な中心地である。極東共和国の失策に乗じた無血占領で、久々の反革命軍の勝利だった。

メルクーロフ政権は、この攻勢を政治的に生かそうと、国際的な支持を求めて、外相に据えたコレスニコフ（名前不詳）をワシントン会議に派遣した。極東共和国軍のヴァシーリー・ブリュッヘル司令官兼陸相は、これを機に「メルクーロフ政権が極東共和国と同等の政府として承認される可能性がある」と危機感をつのらせる。そこで、極東共和国もワシントン会議に代表団を派遣する。

しかしアメリカ国務省は、いずれの代表団も会議に参加することを拒否した。国務省ロシア部員が、それぞれ個別に非公式に会談したに過ぎない。ウィルソン政権とは違い、ハーディング政権はロシアの内戦とは距離を置いていた。

一九二二年二月一四日、極東共和国軍がハバロフスクを奪還し、さらにウラジオストク目指して南下する。もはや国際的な支援も期待できず、メルクーロフ政権は軍事的にも追いつめられてゆく。

ワシントン会議での撤兵「公約」

ハーディング政権はロシアの内戦への干渉は避けたが、日本のシベリア出兵には厳しい姿勢で臨んだ。

日本のシベリア出兵は、アメリカからすると、シベリアへの経済進出を妨げる最大の要因である。なぜなら、日本はシベリアの表玄関にあたる港、ウラジオストクを占領し、サハリンとその対岸も占領することで、アムール河の河川交通を封鎖している。またハルビンを経由するシベリア鉄道のルートも、入り口となる港町の大連が日本の港湾であり、進出できなかったからだ。

そこで国務省ロシア部の専門顧問たちは、「日本の侵略的、帝国主義的政策」に対して激しい道徳的非難を日本に浴びせるよう、ワシントン会議の議長を務めるヒューズ国務長官に要請した。しかしヒューズは、「日本と戦争することとなしに日本軍をシベリアから追い出す方法はない」と斥《しりぞ》けた（『両大戦間の日米関係』）。

ワシントン会議は、一九二一年一一月一二日から翌年二月六日まで開催された三ヵ月にわたる大会議である。日本のシベリア出兵については、一九二二年一月二三日に取り上げられた。会議の全権委員の一人、幣原喜重郎の回想によれば、事前にヒューズ議長が日本側の弁明を求めてきたためだという。

幣原は訓令にそって、シベリアには多数の日本人が居住しているため、日本軍の活動は彼らを守るためで、自衛の範囲を出るものではないと正当化した。また現地の日本人の生命と財産の保護や、企業活動の自由などがロシア側から認められれば、撤退すると述べた。ヒューズ議長は、翌日の会議で幣原演説を歓迎し、さほど深追いしていない。

ただ幣原の発言が新聞で報じられると、日本は撤兵を国際的に公約した、とソヴィエト政府をはじめ世界各国で見なされるようになった。

撤兵を求める世論

国内でも、撤兵を求める声は強まる一方だった。

『大阪毎日新聞』は、「撤兵は何時《いつ》実行するか——我《わが》対外政策の癌《がん》を除《のぞ》け」と題する記事で、「巨額の国帑を消費し、他方には徒に露国民の我国に対する敵愾心《てきがいしん》を強めつつある愚挙《ぐきょ》」と、シベリア出兵を批判した（一九二二年二月三日）。

『東京朝日新聞』も、「日本が駐兵を継続しつつ露国と何らかの協定成立を希望することは無理な話」だとして、まず沿海州からの撤兵を主張した（一九二二年五月一四日）。

撤兵を求める左派の活動も活発化する。一九二二年五月二八日、日本労働総同盟中央委員会は、日本軍のシベリアからの即時撤兵、対露通商の開始を決議し、翌日には首相官邸や陸軍省に赴いて、決議文を手渡した。これは、イギリスの全国対露不干渉委員会の呼びかけに応じたものであった。同会の呼びかけは、もし日本が「すみやかに撤兵を断行しなければ、万国の労働者は日本品をボイコットするだろう」という脅しも含んでいた（『大正外交史の基本問題』）。

六月には前衛社、無産階級社、種蒔《たねま》き社など左派の政治結社を中心にして、「対露非干渉同志会」も結成された。撤兵を求める運動が、労働運動や社会主義の盛り上がりと結びついたところに、この時代の特色が出ている。

コミンテルンの指示と日本共産党

以上のような撤兵運動の広がりには、共産主義インターナショナル（通称コミンテルン）も一役買っていた。

コルチャーク政権の崩壊とともに、ボリシェヴィキの勢力が東進すると、モスクワはアジアでも共産主義を広めることに力を入れる。一九一九年にモスクワで、世界各地での革命を目的に誕生したコミンテルンが、アジアの共産主義運動を仕切っていた。一九二一年七月には上海で中国共産党が誕生し、翌年七月には日本共産党が正式に発足している。

一九二二年七月に、コミンテルンは日本共産党中央委員会に指示する。

「軍隊内部で徹底した宣伝を行い、シベリア派兵が無益な金銭の浪費にすぎないことを、とくに迫り来る派兵中止との関連で示す必要がある。党は、ロシアと極東共和国に対する日本政府のいかなる策動にも精力的に抗議しなければならない」（『資料集　コミンテルンと日本共産党』）。

日本共産党は指示に従う。幹部の荒畑寒村《あらはたかんそん》と堺利彦《さかいとしひこ》はコミンテルン執行委員会に宛てて記した。「［日本共産党の］政治部に於いては、対露非干渉運動の運動を起こしている。飢饉救済寄付金の募集もさまざまな方法でやっている」（同前）。

日本共産党はシベリアからの撤兵を求める運動を、当時ロシアで広がっていた大飢饉を救済する運動と結びつけて、拡大しようとする。一九二二年七月には、「ロシア飢饉救済婦人有志会」が結成された。同会には与謝野晶子や山川菊栄《やまかわきくえ》ら、共産党以外からも幅広い女性たちが結集し、絵はがきの販売、音楽会の開催などで、多額の救援金をロシアに送った。

左派によるシベリア出兵への反対運動は、労働運動の高まりとも相まって、当局に危機感を抱かせた。一九二三年六月五日の日本共産党員の一斉検挙、そして九月一日の関東大震災のどさくさにまぎれた左派への弾圧は、危機感の裏返しと見られる。なお一九二四年三月、日本共産党は弾圧に耐えかね解党する。

3 無条件での撤兵——加藤友三郎首相の決断

大連会議の決裂

その頃、原敬という支柱を失って、日本の政局は混迷していた。原が没すると、山県有朋は次期首相に再び西園寺公望を就けようとする。しかし西園寺は、自らが首相に就任するのは「時代の大勢に逆行する」と固辞し、原亡き後の政友会総裁である、高橋是清を推薦した。

首相に就任した高橋は、以前からシベリアからの撤兵が持論である。ただ原の路線を引き継いで、大連会議で利権を得た上での撤兵にこだわった。一九二二年一月二一日の貴族院における施政方針演説では、こう述べている。

西比利亜に就《つ》きましても帝国政府は一日も速《すみやか》に政局の安寧《あんねい》、秩序の恢復《かいふく》を告げ、我が守備隊を全部撤兵せしむるに至らんことを切望して止《や》みませぬ。而《しか》して目下《もっか》チタ政府の要求に応じ、大連に於《おい》て通商其の他の問題に関し商議を重ねて居《い》るのであります。

しかし、高橋首相が期待をかけた大連会議も、日本軍がいつ撤兵するかで暗礁に乗り上げた。日本側は期限を設けずに、陸軍が望ましいと判断した時期に兵を引き上げる「自主的」撤兵にこだわった。だが極東共和国側は、条約締結後の四五日以内に撤兵するよう主張する。さらに、極東共和国の存続に疑いを拭えない日本は、尼港事件の補償についてはソヴィエト政府と交渉したいと後回しにした。これに、大連会議での解決を望む極東共和国が反発する。

内田外相は、一九二二年四月一五日までに基本条約と軍事協定の締結ができなければ、交渉を中止するように現地へ指示した。それでも妥結に至らず、四月一六日に日本側の委員が引き上げた。八ヵ月も続いた大連会議は、成果もなく終わった。

高橋内閣の総辞職

もっとも、高橋首相とて、出兵を続けるのは本意ではない。四月四日に、大連会議の打ち切りを見越して閣議決定をした際には、仮に協定が不調に終わっても、好機があれば、なるべくすみやかに撤兵することも決めている。すでに、撤兵の条件をめぐって争う段階は過ぎつつあることを、閣僚たちも承知していた。

この閣議決定の二日前には、南下する極東共和国軍と、ウラジオ派遣軍の第一一師団（善通寺）が沿海州で交戦している。このままでは、日本軍と極東共和国軍の全面衝突も時間の問題だった。

折よく、四月二四日に極東共和国のヤコフ・ヤンソン外相から内田外相に宛てて、交渉再開を求める書簡が届く。内田外相も好意的な返信を送った。そこで、極東共和国の通信社ダリタの東京通信員ワシーリー・アントノフと、外務省の松平恒雄欧米局長が接触し、交渉再開への道筋をつけようとする。

しかし、原敬という派閥の調整に長けた党首が世を去ってから、与党の政友会がぐらついていた。高橋内閣は政友会の内紛で内閣改造に失敗し、一九二二年六月六日に総辞職する。

加藤友三郎の組閣

元老の松方正義が後任の首相に推したのは、一九一五年から海相を務めている加藤友三郎だった。加藤は健康問題を理由に断ろうとしたが、そうなると憲政会に政権が渡る可能性があるとして、政友会が加藤の組閣に賛成した。加藤は政友会の党員ではないが、その間接的な支持を受けた。組閣の大命が下ったのは、六月一一日である。

いまも人気の衰えない原敬や高橋是清に比べ、加藤の知名度は低い。

現在の広島市出身の加藤は、日露戦争中に連合艦隊参謀長に就任した。一九〇五年の日本海海戦では、連合艦隊司令長官の東郷平八郎《とうごうへいはちろう》とともに、戦艦「三笠《みかさ》」の艦橋で指揮を執った。

一九二一年から翌年にかけてのワシントン会議では、首席全権委員として、日本代表団を取り仕切った。戦艦八隻、巡洋艦八隻の主力艦隊（八八艦隊）を実現させるため、自ら旗を

加藤友三郎（1861～1923）
広島出身．海軍大学校卒業後，日清・日露戦争に従軍．1915年に海相就任（23年まで留任）．21年のワシントン会議では全権．軍縮を推進．22年6月首相就任．沿海州から撤兵を決断

振ってきたにもかかわらず、国際協調を優先する大局に立ち、会議では軍縮案をあえて受け入れている。

とはいえ、実直な裏方といった趣《おもむき》の彼は、国民の人気とは縁遠かった。風采も上がらないことから、ついたあだ名は、「燃え残りの蠟燭《ろうそく》」である。

さらに、衆議院の第一党が政権を担うべき、という憲政常道《けんせいじょうどう》論が強まるなか、政党に属さない軍人の組閣に、大正デモクラシーの風は冷たかった。「民意無視の変態内閣、憲政破壊の逆転内閣」（『報知新聞』一九二二年六月一五日）など、新聞各紙の評判は散々である。こうした評価は、日本に政党政治が根付き始めていた裏返しでもある。

加藤の首相就任に期待したのは、ワシントン会議で彼の実力を認めた英米の政治家たちであった。ワシントン会議でイギリス全権だったバルフォア枢密院議長は、イギリスの駐日大使に書き送った。

「加藤の首相任命を歓迎する。なぜなら、極東の国際政治における彼の影響力は、平和と国際協力に向けられるだろうから。彼は優れて実際的で、賢明で、近代的な考えをもつ政治家だ」（「『平和の使徒』としての加藤友三郎」）。

現在もイギリスでは加藤の評価は高い。歴史家のイアン・ニッシュは、シベリアからの撤兵と軍縮を進めた加藤を、「重大な岐路に立っていた日本の舵取りをした彼の指導力は、水際立っていた」と評している（『戦間期の日本外交』）。

沿海州からの撤兵決断

加藤首相兼海相は、撤兵を急いだ。北サハリンは別として、これまでも加藤は出兵に消極的であり、ワシントン会議の全権として、この件が日米関係をいかに損なっているかも見聞きしていた。また出身母体の海軍も、北サハリンの石油採掘権を確保するためなら、代償として撤兵するのも仕方がない、という意見に傾いていた。

加藤内閣は一九二二年六月一五日に開かれた初閣議後、「西比利亜《シベリア》に関する諸問題に付《つき》、迅速円満なる解決を遂《と》ぐるに力を効《つく》すべし」という外交方針を発表した（『元帥加藤友三郎伝』）。

六月二三日には、「外国より撤兵を強要するが如《ごと》き提議を見る」ことを恐れるという理由で、沿海州からの撤兵が閣議決定された。翌日に首相官邸で開かれた外交調査会でも、撤兵は承認された。後藤新平と伊東巳代治という、かつてシベリア出兵を推し進めた二人も委員として列席していたが、その心境はいかばかりであったか。

六月二四日、一〇月に撤兵を「断行」するという日本政府の声明が内外に発表された。この日の日記に、内田外相は自らがシベリア出兵の幕引きを図る因縁を記した。

去る［大正］七年［ロシア大使を］辞職して反対せるサイベリヤ［シベリア］出兵、不思議にも自分の手にてその撤兵を終了せしむることとなれり。撤兵の期限を前以て内外に告知することは省議に異議ありしも、この機を逸《いっ》すべからず。大連会議の失敗を再びすべからず。

（『内田康哉関係資料集成』第一巻）

撤兵宣言に、日本軍の撤兵する期日を明記することには、外務省内で反対があった。内田外相はそれを押し切り、まず撤兵を宣言して、その後に撤兵の善後策を考える段取りをつけた。原敬の没後も、高橋是清、加藤友三郎、内田康哉といった、原が閣僚に登用した面々が撤兵に努めたのは、偶然ではないだろう。

沿海州各地からの撤兵

とはいえ、遅すぎた撤兵に新聞各紙は冷ややかだった。出兵で何を得て、何を失ったのか、各紙はこぞって論評する。

一九一八年には出兵を熱心に要求した『国民新聞』も、政府が唱えるシベリアからの「自主的」撤兵を、ビフテキ（ビーフステーキ）にかけてこき下ろした。

「撤兵問題も自主的々々々と洋食の名前の様《よう》なことを得意がって吹聴《ふいちょう》した処《ところ》が、事実は大連会議で虐《いた》め付《つ》けられた通りの大譲歩を実行する迄じゃないか。ア、胸が悪い、此辺《このへん》で擱筆《かくひつ》せにゃ衛生に害がある」（一九二二年六月二八日）。

撤兵を揶揄《やゆ》する声をものともせず、加藤内閣は一九二二年七月一四日に、サハリンの対岸からの撤兵も公表した。町田経宇サハリン州派遣軍司令官は、上京して政府の方針に抗議したが、結局、九月末までに撤兵を完了させた。その結果、尼港事件の舞台となったニコラエフスクは、一〇月三日に極東共和国に編入される。それでも北サハリンの占領は、尼港事件が解決するまで続ける方針に変わりなかった。解決の代償として、極東共和国かソヴィエト政府に、北サハリンの売却を求めることを八月二九日に閣議決定している。

その頃、沿海州のメルクーロフ政権は、極東共和国軍との度重なる敗戦で危機に陥っていた。さらに、加藤内閣が発表した撤兵声明が、この政権にとって「死刑の宣告」となる（『大阪毎日新聞』一九二二年六月二八日）。

事態を収拾するために、七月にミハイル・ヂチェリヒス陸軍中将がウラジオストクの政府を掌握した。彼は、コルチャークのもとで陸相を務めた軍人で、ニコライ二世の殺害事件を調査したことでも知られる。だが政権の顔が変わっても、事態は好転しなかった。

それに構うことなく、ウラジオ派遣軍は一〇月末までに沿海州からの撤兵を完了するようにと、七月二八日に上原参謀総長から命じられた。八月二六日から始まった撤兵は、北から順に南へと撤収し、最後にウラジオストクに残った部隊が撤兵する手順である。連戦連敗の反革命軍も、撤兵する日本軍を追って、南へと退却していく。それらを追いながら、イエロニム・ウボレヴィチ率いる極東共和国軍は、反革命軍の最後の拠点、ウラジオストクへ迫る。

長春会議――一九二二年九月

日本政府の宣言した一〇月の撤兵期限が近づくなか、日本と極東共和国ならびにソヴィエト政府の代表は、中国の長春で話し合いを持った。

一九二二年九月四日から始まった会議には、外務省の松平恒雄欧米局長が代表として交渉に臨んだ。極東共和国からはヤンソン外相、ソヴィエト政府からはアドルフ・ヨッフェが派遣された。会議が進むにつれ、もっぱらヨッフェが発言し、あたかも東京とモスクワの直接交渉のようになっていく。

ヨッフェは、いまでこそ無名だが、当時は世界的に知られた外交官であった。ユダヤ人商人の子としてクリミア半島で生まれ、革命運動に従事するなかで、同じくユダヤ人のトロツキーと親交を結んだ。そしてトロツキーとともに、一九一七年にボリシェヴィキに加盟する。一〇月革命後はドイツとの講和交渉でも活躍した。

一九二二年六月、ヨッフェは対日、対中交渉の全権に選ばれる。極東に出発する直前の七月二二日に、彼は対日交渉に臨む指針をロシア共産党政治局に書き送った。その内容は、ロシア共和国と極東共和国の全域から日本軍の撤退を断固として要求する。撤退なしには、いかなる妥結も特権の供与も認めないというもので、初めから会議の決裂を辞さない強硬なものだった。

ソヴィエト政府にしても、無理に妥協しなくても一向にかまわない会議だった。すでに会議に先立ち、日本軍は撤兵を始めていた。さらに、日本は「革命前夜の時期に入っている」とヨッフェは考えていた。それは、ヨッフェの盟友であるトロツキーの見解を反映したものだ。まさにヨッフェがモスクワを旅立つ頃、東京では日本共産党が正式に発足していた。「革命前夜」の日本に対して、譲歩して交渉をまとめようという考えは、当時のモスクワには薄い。

会議が始まった時点で、すでに日本軍が沿海州から撤兵し始めていたので、会議の争点となったのは、北サハリンからの日本軍の撤兵問題であった。尼港事件の解決と撤兵をセットにする日本側の提案に、ロシア側は反発する。結局、一三回もの会談を開いても合意に至らず、長春会議は九月二五日に決裂した。

ウラジオストク陥落

交渉の決裂後も、日本軍の撤兵は進められた。

一方、反革命軍であるヂチェリヒス将軍の「ゼムストヴォ部隊」は、日本軍の放棄した沿海州南部のスパッスクの陣地で、敵を食い止めようとした。しかし、一〇月九日にそこを攻略されると、もはやウラジオストクまで極東共和国軍をさえぎるものはなかった。

それでも極東共和国軍は、日本軍との衝突を避けようと、ウラジオストクへの強行突入を控えた。一〇月二四日に、ウラジオストク近郊のセダンカ駅で、遅くも翌日の午後四時までに、日本軍がウラジオストクを明け渡すことで、両軍は合意した。極東共和国軍にせよ赤軍にせよ、ロシアの正規軍はいずれも、最後まで日本軍との全面衝突を避けようとした。

撤兵期日の一九二二年一〇月二五日午後三時、立花ウラジオ派遣軍司令官は一個大隊を率い、最後の輸送船に乗ってウラジオストクから撤収した。入れかわりに、極東共和国軍がウラジオストクの中心部に進駐した。

日本軍が撤兵したこの日、立花司令官はウボレヴィチ陸相兼極東共和国軍司令官に宛てた別れの挨拶で、「閣下の高明公平なる措置により、両軍戈《ほこ》を交《まじ》ゆるの惨禍を避け」たと称えている（『大阪朝日新聞』一九二二年一〇月二七日）。

こうして、最後の反革命派の牙城、ウラジオストクは陥落した。一九一八年八月に日本の大軍がこの港に上陸してから、四年三ヵ月の歳月が流れていた。海軍は、なおも巡洋艦「日《にっ》進《しん》」を翌年四月二日までウラジオストク港にとどめておく。だが北サハリンに展開する一個旅団を除いて、陸軍の撤兵はすべて完了した。

なお、一九二〇年一一月にウラジオ派遣軍から関東軍の指揮下に移されていた北満洲派遣隊は、一九二二年九月一四日までに中東鉄道沿線からの撤兵を完了し、南満洲へと戻った。日本軍の撤兵で、シベリア鉄道と中東鉄道の国際管理は終了し、一九二二年一〇月に連合国鉄道委員会と技術部委員会は解散、二四年より中東鉄道は中国とソ連の共同経営となった。

「大日本帝国臣民」たちの脱出

かつてワシントン会議の席上で、幣原全権は、「多数の日本人と其《そ》の多額の資本とを投ぜるウラジオストクより撤兵せば其の結果として更に莫大なる損害を生ずべき」と語っている。その上で幣原は、日本政府はシベリアに住む日本人の安全を確保した上で撤兵する、と宣言していた。では、日本軍の撤兵で、彼ら日本人にはどのような運命が待ち受けていたのか。

一九二二年六月に日本政府が撤兵を表明すると、ウラジオストクではしばしば日本人の集会が開かれ、政府へ生命と財産の保護を訴える陳情委員が派遣された。八月に入るとパルチザンによる報復の噂が流れ、九月末には、ウラジオストクの日本人たちは、やむをえない事情で残るほかは、いっせいに引き揚げることを決める。こうして、八月一日には三三八六名いた日本人は、一〇月中旬には多くが引き揚げた。難民と化した彼らを、日本政府は旅費の貸与、船舶の無償提供で支援している。

引揚げを希望する朝鮮人も、約一万五〇〇〇人にのぼっていた。にもかかわらず、加藤内閣は彼らを支援しないと一〇月一三日に閣議決定した。「政情の変化に基《もと》づく朝鮮人の危険は甚だ微小」という理由で、日本人と違って彼らは安全だと言う（『日外』大正一一年第一冊）。日本人と同じ「臣民」ではあるものの、そこには一線が引かれていた。

ロシア難民のその後

ウラジオストクの陥落が間近になると、ロシア人の反革命軍の将兵とその家族など、ロシア人の脱出も相次ぐ。報復を恐れたのである。加藤内閣も、ウラジオストクの政権の有力者には、「人道上の見地より応分の便宜」をはかることを一〇月二〇日に閣議決定した。ただし、「費用は一切彼等の負担」である（『日外』大正一一年第一冊）。

セダンカ駅で合意文書がとりかわされた一〇月二四日、コルチャークの部下だったゲオルグ・スタルク提督の指揮する一八隻の船団の最後尾が、ウラジオストクを去った。目的地は、日本の植民地だった朝鮮半島北部の元山《ウォンサン》である。

難民の船団が元山に向かうのは、出航前から船団幹部の発言でわかっていた。一〇月二八日に、内田外相は斎藤実朝鮮総督へ、海軍省と協議した上と断って、政府の方針を伝えた。船団が公海や他国の領海にいる場合はそのままにしておくが、日本の領海や港に入ってきたら、できるだけ出て行くように勧め、それに応じなければ抑留する。乗組員以外の難民は国外に送り出すと。

冷たく感じられる指示の背景には、受け入れ先が混乱していたこともある。一〇月二二日から五日間で、元山にたどり着いた難民は二〇〇〇名を超えていた。そこにスタルク船団の約七〇〇〇人が到着し、ごった返す（『神戸新聞』一九二二年一二月一〇日）。彼らの援助に、朝鮮総督府と日本赤十字社が奔走していた。

なんとか元山に逃げのびた難民は、そこから世界各地へ散って行く。南下したスタルク船団は中国各地に寄港したのち、フィリピンで解散し、スタルク自身は一九五〇年にパリで没している。ウラジオストクで最後まで抵抗したヂチェリヒス将軍は、一九三七年に上海で亡くなった。

その後の人生でも辛酸を嘗《な》めたとはいえ、亡命できた彼らはまだしも幸運だった。ウラジオストクでは陥落とともに、新聞など言論機関が統制され、武器が没収される。ボリシェヴィキに敵対的な者や、日本軍への協力者も洗い出され、収容所へ送られた。

他方で、シベリアからの難民たちは世界にロシア文化を伝播させた。日本で「白系露人《はっけいろじん》」と呼ばれた彼らの一例として、神戸でチョコレート会社「モロゾフ」を創業したフョードル・モロゾフや、宝塚歌劇団で活躍したロシア人の音楽家たちがあげられる。

「出兵完了」の儀式

ウラジオストクから撤兵して間もない一九二二年一一月一一日、摂政の裕仁親王は、山梨陸相と加藤海相を宮中に召し出し、出兵以来の任務をねぎらう勅語を下賜した。

朕《ちん》が統率する陸海軍は、極東露領及《および》北満洲出動以来、内外協戮《きょうりく》、以《もっ》て重任に服し、上下奮励、克《よ》く其《そ》の効《こう》を全くせり。朕深く之《これ》を嘉《よみ》し、殊《こと》に其の死傷者を悼《いた》む。今や列国と共に和平の慶に頼らんとするに方《あた》り、汝《なんじ》将卒、其れ益々志気《しき》を振作《しんさく》し、思想を堅持《けんじ》して、以て報効《ほうこう》を図らんことを期《き》せよ。

（『昭和天皇実録』第三巻）

「思想を堅持して」という文言に、共産主義が軍隊に広がることへの懸念も読みとることができよう。シベリア出兵の終わりを告げる、国内向けの儀式であった。

なお、第一次世界大戦中から占領が続く、青島を含む山東半島からも、一九二二年一二月に日本軍約三〇〇〇名が撤兵した。同年八月からは、いわゆる「山梨軍縮」も断行される。陸軍の将校一五〇〇名、准士官以下五万六〇〇〇名が、一九二五年度までに削減された。陸軍はリストラで生まれた余剰予算を、火力と航空戦力の充実に振り分け、総力戦体制の構築を目指していく。

さらに、シベリア出兵をめぐる外交政策の駆け引きの場となってきた外交調査会も、加藤首相が反対する伊東巳代治を説得して、九月一八日に廃止した。この結果、外交は内閣の手に戻り、外務省が責任を負うように戻される。第一次世界大戦への参戦から始まる準戦時体制を解除し、「平常への復帰」に導いた加藤友三郎の功績は大きい。

ちなみに、ウラジオ派遣軍司令官を務めた三将軍は、いずれも帰国後に功績を認められて男爵に列せられた。日本の「戦勝」を装うためであったといえば、うがちすぎだろうか。

シベリア出兵を率先してきた上原勇作の参謀総長退任は、一九二三年三月である。元帥の称号を与えられて、終身現役の身分を確保した上であった。後任の参謀総長には、田中や山梨陸相とは士官学校と大学校で同期の、河合操《かわいみさお》陸軍大将が選ばれた。

山県亡きあと、陸軍の主要なポストは、田中の息のかかった軍人たちが押さえ、傍流に追いやられた上原らの不満は募る。牧野伸顕は、田中と上原の確執を、「私情の為め大局を忘却せる両巨頭の醜態、慨嘆《がいたん》に堪《た》えず。征韓論《せいかんろん》以来の悶着《もんちゃく》なり」と嘆いている（『牧野伸顕日記』一九二四年五月一日）。のちに田中が首相に就任してからも二人の不仲は変わらず、ついに生前に和解することはなかった（『田中義一伝記』下巻）。

ソ連誕生

一方、ロシアでは、ウラジオストクの陥落で、日本軍との緩衝材である極東共和国が用済みとなる。モスクワは極東共和国の清算を指示した。

一九二二年一一月一四日に極東共和国は、ソヴィエト政府の中核であるロシア・ソヴィエト社会主義共和国への合流を決定する。一二月三〇日には、第一回全ソ連邦ソヴィエト大会が開かれ、「ソヴィエト社会主義共和国連邦」の成立が宣言された。いわゆるソ連の誕生である。本書も、以下ではソヴィエト政府をソ連と記す。シベリア全土がモスクワによって直接統治される時代が、再び幕を開けた。

シベリアにおける内戦も、ようやく終わりを告げた。一九二三年六月には、オホーツク海に面するアヤンで、アナトーリー・ペペリャーエフ将軍の率いる、反革命軍の残党四五〇名が降伏した。ちなみに、ペペリャーエフは服役ののち一九三六年に出所したが、翌年に再び逮捕され、処刑されている。

余談ながら、極東共和国の大統領を務めたクラスノシチョーコフ、極東共和国軍を率いたブリュッヘルとウボレヴィチも、一九三七年から激化したスターリンによる「大粛清」で、いずれも命を落としている。彼らの名声が再び高まり、極東共和国がシベリアの自治という観点から再評価されるようになるのは、ソ連崩壊前後まで待たなければならない。

第6章　ソ連との国交樹立へ――一九二三〜二五年

1　孤立する日本――中ソ接近への危機意識

ソ連との交渉の立役者、後藤新平

最後に残されたのは、日本が「保障占領」を続ける北サハリンである。

歴代の内閣は、この地域の占領はシベリア出兵とは別問題であると、占領を継続してきた。だがこの懸案が片付かない限り、日本とソ連との間での交渉はうまくいかず、国交も樹立できないことを、加藤友三郎首相は強く意識していた。「尼港問題及北樺太問題にして解決の見込立たざる以上、第三次日露通商に関する交渉開始の徒労に帰《き》すべきは勿論《もちろん》」だと、一九二三年四月二〇日の閣議決定には記されている（『日外』大正一二年第一冊）。

そこで加藤首相に、日本とソ連の仲介を申し出たのが、後藤新平である。当時は東京市長で、ロシアとの友好を求める日露協会の会頭でもあった。後藤は一九二二年一二月に、駐華全権代表としてソ連の極東外交を担い、当時は上海で孫文《スンウェン》と交渉していたヨッフェを日本に招待した。
後藤からヨッフェへの来日要請は、多発性神経炎を患《わずら》うヨッフェに、熱海《あたみ》の温泉で療養を勧める非公式なものだった。だが加藤首相をはじめ、海軍関係者の支持をあらかじめ得たものである。海軍は、国交樹立によって得られるはずの、北サハリンの石油利権に関心を抱いていた。
また、一九二〇年三月に株価が暴落して、大戦景気の波が去ると、財界もソ連との貿易を強く望むようになっていた。こうした財界の意向について、フランスのポール・クローデル駐日大使は、本国に次のように報告した。

「ソ連との」〈協調路線〉の支持者の多くは、自身の活動の場がたえず狭められていることに不安を感じている産業界や商業界の人たちです。この人たちは、生活費の高騰、製品の質の悪さ、必需品の調達困難などが原因で、日本の輸出が危機に瀕していることがわかっています。彼らはシベリアとの貿易再開は、有利なそして唯一の販売チャンスで、とにかくうまみのある投機の機会だと見ているのです。

（『孤独な帝国』一九二三年六月二日）

後藤の秘めた目的

後藤は一九二三年四月二七日に東京市長を辞職して、自由な立場の一民間人として、ヨッフェとの交渉に臨むほど力を入れた。だが、出兵を熱心に推進した後藤が、ソ連との国交樹立に力を入れるのは、矛盾している。

その理由の一つに、加藤首相と内田外相が二人三脚で進めるアメリカとの協調外交を、後藤が快く思っていなかったことがある。さらに、一九一六年に結ばれた第四次日露協商や、二二年に廃棄された日英同盟に代わって、日ソの提携が中国とアメリカへの対抗軸になると考えていた。彼はこれを、「一個《いちこ》二雁《にがん》を射《い》る高等政策中の高等政策」と自画自賛している（『水野《みずの》錬太郎《れんたろう》回想録・関係文書』）。

実は、後藤の目標はさらに遠大だった。彼は中ソ両国が直接手を結ぶのを防ぎ、日中ソ三国が提携することで、英米両国と対抗することを考えていた。ユーラシア大陸（旧大陸）に同盟を広げ、特にアメリカ（新大陸）に対抗するための構想で、新旧大陸対峙論と呼ばれる。共産主義というイデオロギーにとらわれずにロシアを見る、地政学的な発想こそ後藤の真骨頂である。

協力した新潟県出身者たち

後藤には、多くの協力者がいた。たとえば、日魯《にちろ》漁業（現マルハニチロ株式会社）会長の堤清六である。堤は同郷の内閣書記官長の高橋光威《みつたけ》を通じて、原首相に接近していた。彼は原内閣に食いこむことで、政府のもとにある朝鮮銀行から資金を引き出し、北洋漁業の関連企業を統合して、一九二一年に日魯漁業を設立している。そんな堤は、ヨッフェ来日をソ連承認への弾みとし、将来の北洋漁業の安定した操業を狙っていた。

堤の資金援助で、雑誌『中外』を編集したジャーナリストの内藤民治《ないとうたみじ》も、「世界のどの国もが承認しない現在、日本が逸《いち》早く列国に先んじて経済提携および文化融合策を行う」ことを主張していた（『裏日本』）。内藤は、ソ連にいた共産主義者の片山潜《かたやません》とも連絡をとり、ヨッフェ来日の段取りをつけた。共産主義者では、田口運蔵《たぐちうんぞう》も協力した。田口は一九二一年のコミンテルン第三回大会に参加し、レーニンとも会見したことがある。ヨッフェが来日すると、彼の秘書兼通訳となった。

後藤に協力した堤や内藤、田口は、いずれも新潟県の出身者だった。本書に登場する人物では、布施勝治や川上俊彦、後述する芳沢謙吉《よしざわけんきち》も新潟出身者である。北一輝や、出兵論を盛んに唱えた「出兵九博士」のひとり、建部遯吾も同県出身で、彼らが友好一色だったわけではない。ただ新潟は日本海を挟み、対岸にあるロシアへの関心が高く、偶然ではないだろう。

政府内の反対を押し切って

英米関係に配慮する外務省や、ソ連に対する不信感のある内務省の官僚は反対した。外務省では欧米局長の松平恒雄、内務省では警保局長の後藤文夫《ふみお》（のち内相）が、「危険人物」であるヨッフェの来日阻止に動いた。

松平はウラジオ派遣軍政務部長、大連会議での日本代表を務め、対ソ交渉に通じる外交官である。長春会議の際には、ヨッフェと交渉した。その際にヨッフェには、「悪辣《あくらつ》不誠意《ふせいい》」な印象を抱いていた（「長春会議松平代表への訓令及請訓」『日本外交年表竝主要文書』下巻）。

また、思想関係を取り締まる内務省では、ヨッフェ来日とともに、共産主義者の活動が活発化するのを恐れた。内田外相や、治安関係を担当する水野錬太郎内務大臣も、ヨッフェの来日を阻止しようと、上海総領事館にさまざまな指示を出す。

最終的には、加藤首相の説得もあって、ヨッフェに日本への好感を持たせたほうがよい、と意見を変えた水野内相が部下を抑え、内田外相も一観光客としてならばということで、ヨッフェの入国は許可された。

東京会議――一九二三年二月～七月

一月二九日にまず長崎へ入港したヨッフェは、東京築地《つきじ》の精養軒ホテルや、ヨッフェの療養先の熱海で後藤と会談する。ヨッフェの提示した交渉の三条件は、相互の平等の権利の保障、法律上の対ソ承認、北樺太からの撤兵時期の明示であった。

外務省の松平欧米局長は後藤を通じて回答した。相互主義は主義上のみ賛成である。ソ連承認には尼港事件の解決が必要である。撤兵は尼港事件の解決後とする。

尼港事件の解決とは、具体的には何を意味するのか。一億五〇〇〇万円前後での北サハリンの領土売却が第一条件であると、加藤内閣は四月二〇日に閣議決定している。それが無理であれば五〇、六〇年で租借するのを次善の策とし、ソ連側からの利権の供与は第三の解決法としていた。

北サハリンの領土への執着は、加藤内閣も並々ならぬものがあった。それは後藤新平も同じで、北サハリンを獲得すれば国威も発揚するし、経済的にも軍事的にも大きな利益があると、五月二二日に加藤首相に手渡した意見書で述べている。

北サハリン売却を提案されたヨッフェはモスクワに問い合わせた。ロシア共産党政治局は売却には約一五億円の高値を設定した。

後藤は、ここで交渉をバトンタッチする。五月二二日に後藤は、加藤首相へ意見書を手渡し、ヨッフェとの話し合いを政府間の交渉に格上げするように求めた。加藤首相は応じ、六月二日にヨッフェとの交渉開始を閣議決定した。

日本側の代表に選ばれたのは、帰国中だった川上俊彦ポーランド公使である。彼もまた、一九一八年に出兵に賛成した一人であったが、この頃はソ連との国交樹立に熱心になっていた。ポーランドに駐在する間に、ソ連の駐ポーランド全権代表（大使にあたる）を兼務するレフ・カラハン外務人民委員代理と親しくなり、極東共和国ではなく、モスクワと直接交渉するように説得されていたことも背景にある。

加藤内閣は、川上に交渉を委ねるにあたり、六月一九日の閣議決定で、尼港事件の解決に、まずソ連側の「陳謝」を求めた。その上で、北サハリンの売却、もしくは北サハリンかバイカル湖より東での「重要利権」を、日本政府か日ソ合弁の会社に譲渡するよう求めるとした。

東京会議の決裂と関東大震災

川上とヨッフェは、一九二三年六月二八日から七月二四日まで、一一回の会談を開く。ヨッフェはやはり、ソ連の正式な承認と、北サハリンからの撤兵期日を明確にするよう求めた。しかし日本側は、尼港事件の解決が先決という姿勢を崩さず、北サハリンの売却を迫る。ヨッフェは北サハリンでの石炭や森林などの利権供与に同意し、尼港事件には遺憾の意を表明したものの、北サハリンの売却については、双方の提示する価格が大きく開いた。

交渉は決裂した。責任を取らされたヨッフェは、駐華全権代表を解任される。八月一〇日に、病の重いヨッフェは担架にかつがれて、東京駅から帰国の途に着いた。

トロツキーと親しいヨッフェの更迭は、ソ連国内の政争の余波でもあった。一九二三年三月に、レーニンが三度目の発作で倒れた後、トロツキーはスターリン書記長らに敗れ、政権の中枢から遠ざけられていた。

ヨッフェに代わって、カラハンが駐華全権代表として北京に派遣され、対日交渉の窓口も務めることになった。カラハンは幼少期をハルビンで過ごし、スターリンやチチェーリン外務人民委員からの信任が厚かった外交官である。

しかし日本は、ヨッフェの離日後、ソ連との交渉に腰を落ち着けて臨めるような状況ではなくなる。一九二三年八月二四日に、日ソ交渉に意欲的だった加藤友三郎首相が、胃がんのため亡くなった。続いて、九月一日に関東大震災が首都圏を襲う。死者・行方不明者は一四万人を超えた。

第二次山本内閣の消極姿勢

余震も収まらぬ一九二三年九月二日に、薩摩出身の海軍の長老、山本権兵衛《やまもとごんべえ》の内閣が発足する。ソ連との国交樹立に意気込んで入閣した後藤新平は、内相と復興院総裁を割り振られ、震災からの復興に集中せざるをえなかった。田中義一も陸相として入閣したものの、撤兵関係で目立った動きはしていない。

何より、組閣当初は外相を兼ねた山本首相が、ソ連との交渉再開に消極的だった。震災から間もない九月一八日には、北京の芳沢謙吉駐華公使（のち外相、犬養毅の女婿）へ、カラハンの会見要請に応じるように命じたが、彼が交渉を申し出てきても、単に「聞きおくだけ」にするよう訓令している。案の定、芳沢と接触したカラハンは交渉再開を求めてくる。そこで、ソ連を担当する外務省欧米局第一課は、一一月初旬に交渉の土台となる案を閣議に提出したが、閣議決定には至らなかった。

山本首相が消極的だった理由は推測するしかないが、九月一二日に、震災の救援物資を積んでウラジオストクから横浜に来航したレーニン号に、共産主義の活動家が乗船していたため、日本側が上陸を拒否した事件も、少なからず影響を与えているかもしれない。

この山本内閣も、一九二三年一二月二七日、共産主義に共鳴する難波大助《なんばだいすけ》に、摂政の裕仁親王が狙撃される虎ノ門事件が起きて、即日総辞職した。

ソ連の中国接近

一九二四年一月七日に、山県直系の司法官僚である清浦奎吾《きようらけいご》が組閣する。ソ連では一月二一日に、闘病中だったレーニンが死去した。

その間も、日ソの接触は北京を舞台にして続けられていたものの、進展はなかった。かえってウラジオストクの日本総領事の職権否認や、日ソ間の郵便停止など、ソ連側は圧力を加えてくる。

日本との交渉が進まない一方で、一九二四年二月一日に、イギリスがソ連を承認した。一月に、イギリスで左派の第一次労働党内閣が成立したことによる。年末までにはイタリア、スウェーデン、オーストリアなどもソ連を承認した。ソ連の国際的な地位は上昇する。

そこで清浦内閣の松井慶四郎外相は、一九二四年二月二〇日に、カラハンと接触してソ連の意向を探るよう、北京の芳沢駐華公使へ命じている。だが、カラハンとの話し合いは平行線をたどる。

そうしたなか、一九二四年五月三一日に中国とソ連が国交を樹立した。ソ連側は、日本に対抗する意図もあって、もう一つのアジアの大国、中国との国交樹立を革命直後から求めていた。カラハン駐華全権は中国の正式な政府と国交を樹立することで、モンゴルの独立を中国に承認させることや、中東鉄道の経営にソ連が参加するといった、国益を重視した。前任のヨッフェが、孫文率いる革命政党、国民党を支援する方針だったのに対し、カラハンは張作霖との提携も模索する、より現実主義的な外交を展開した。

中国政府も、安徽《アンホイ》派の段祺瑞が政権にあったときは日本寄りだったが、直隷《ヂーリー》派への政権交代とともに、日本から遠ざかった。中国政府はソ連という北方の脅威を除き、国内の革命運動もソ連と国交を結ぶことで抑えられるのでは、と期待した。

ソ連が中国に接近すると、中国を自国の権益圏と見る日本の危機感は募った。日本としては、「保障占領」を終わらせてソ連と国交を結び、英米からも信頼回復を得ることに努めなければ、外交的な孤立は避けられない。松井外相は、一九二四年五月一三日に、あらためて芳沢駐華公使をカラハンとの正式な交渉の席に着かせた。

だが、清浦内閣は時間切れとなる。一九二四年六月九日、衆議院総選挙で大勝した加藤高明に、大命が降下した。加藤は憲政会総裁だが、政友会や革新倶楽部《クラブ》も閣僚に招いていたので、「護憲三派内閣」と呼ばれた。

2　北サハリン放棄と石油利権獲得

首相としての加藤高明

日ソ交渉をまとめあげ、北サハリンからの撤兵に導いたのは、加藤高明である。

加藤は、三菱財閥の創業者、岩崎弥太郎《いわさきやたろう》の長女春路《はるじ》を妻に迎えたことで、豊富な政治資金に恵まれていた。原敬内閣のもとで、野党の憲政会が議席を減らし続けても、加藤が不満のくすぶる党をまとめることができたのは、選挙などに必要な政治資金を工面できたことが大きい。財閥の庇護のもと力を蓄えてきた政党政治家の加藤が、資本家を敵視し、議会制民主主義を軽視する共産主義国家との国交をなしとげたのは、皮肉である。

加藤と原敬はライバルだった。イギリス留学や在勤が長く、エリートとして強い自尊心を持つ加藤は、「平民宰相」と親しまれた原とは、およそ対照的な「英国紳士」である。そんな加藤が、外相として中国に突きつけた対華二一ヵ条の要求を、原は批判した。だが原は、「党派は異《こと》にするも個人としては友人関係にあり」と親しみも持っていた（『原敬日記』一九一八年一〇月四日）。法学を学び、外交官から政党政治家へ転身したキャリアなど、二人には重なる部分がある。

加藤は原の四歳下だが、入閣は加藤が先んじた。一九一六年には首相にあと一歩に迫る。大隈首相は辞職に際し、後継者に加藤を上奏したが、山県有朋が反対した。代わりに山県が首相に選んだのが、朝鮮総督を務めていた寺内正毅で、さらに原が首相を継ぐ。

原に先を越された理由を、加藤の腹心である若槻礼次郎はこう書いている。「加藤は老人を喜ばせることの出来《でき》ない男」なのに対し、原は「老人がどういうことを喜ぶかを、ちゃんと知っていた」(『明治・大正・昭和政界秘史』)。「老人」とは、首相を選ぶ元老たちである。

原も加藤も、政界の主流であった薩摩藩や長州藩の「藩閥」出身ではない(原は南部藩、加藤は尾張藩)。それだけに、元老たちに取り入ることがなお必要とされたが、加藤はとりわけ山県に嫌われた。天敵の山県と、ライバルの原の死後、加藤はようやく組閣できたのである。

日ソ両国の交渉方針

日ソの正式な交渉に先立ち、外務省内では協定案が作成される。一九二四年七月二九日、この案を基礎に、幣原喜重郎外相が芳沢駐華公使に政府の条約案を指示した。

それまでと違い、北サハリンの買収は交渉の条件には盛り込まれなかった。代わって、日露戦争の講和条約として結ばれた、ポーツマス条約の効力を確認することを求めていた。これは外務省の広田弘毅《ひろたこうき》欧米局長(のち首相)が、交渉に入る条件として強く要求したものだ。

次に重視されたのは、ソ連国内での利権獲得である。とりわけ、鉱山や森林などの「富源《ふげん》の開発に関する権利」の獲得が重視された。別して詳細が記されているように、北サハリンの石油や石炭がその主眼である。そして尼港事件に対する謝罪が、ソ連に要求する三大条件だった。

一方、ソ連側は一九二四年三月二七日に、交渉の方針をロシア共産党政治局が決定している。その方針では、日本がソ連を承認し、北サハリンからの撤兵に同意することを求めるとした。また尼港事件については、ソ連が「遺憾の意」を表明し、日本がその賠償請求権を放棄することが条件となった。ただ、無償ではないものの、日本への利権供与は認めていた。

北京会議――一九二四年五月～二五年一月

一九二四年五月一五日から正式な交渉が始まると、撤兵の期限や、北サハリンの油田地域の配分、ポーツマス条約を継承するかなどで、双方は衝突する。

とりわけ、日本軍の撤兵をいつ実行するかが問題となった。この点に関しては、日本側も意見が割れていた。交渉の開始にあたり、海軍は油田や炭田の問題が解決したら、撤兵に異存はないと外務省に知らせていた。一方、陸軍は条約が調印された後も、撤兵には少なくとも三ヵ月は必要だと外務省に申し入れていた。

撤兵を先延ばしにしようとする芳沢公使に、カラハンは詰め寄る。加藤首相は、かつて野党時代に北サハリンから無条件に撤兵するべきだと述べていた。「今や之を実行して誠意を示されては如何」。野党時代に加藤が唱えていた「撤兵論は立派な攻め道具となって、執拗《しつよう》に利用された」（『加藤高明』下巻）。

さかのぼると、加藤高明は尼港事件直後に、事件の代償としての「保障占領」は、「他日の外交談判に資すべき素地」だとして、反対しなかった（同前）。元首相の大隈重信をはじめ、憲政会周辺でも「保障占領」を求める声は大きかった。

しかし加藤高明は、一九二三年一月二三日に貴族院で、加藤友三郎首相への質問演説に立ち、こう述べた。「断乎《だんこ》として北樺太に於ける軍隊を撤退して、好機来《きた》らば他の方法に依《よっ》て要求の貫徹を期するのが、国家の為に有利であろうかと思考するのであります」。撤兵すれば、「世界の疑惑を一掃し、信用を国際間に樹立し、野心の存せざることを実際に証明する」という理由である。

まずは撤兵をした上で交渉するように求めた、加藤首相の野党時代の発言を逆手に取り、カラハンはその実行を求めた。しかし、日本側は拒否する。

最終的にカラハンは、条約の調印後、二週間以内に日本軍が撤兵するように要求する。しかしその提案にも日本陸軍は難色を示す。結局、一九二五年一月六日に、同年五月一五日を撤兵期限とすることが決まった。ここに、双方が妥協して日ソ国交樹立がまとまる。

日ソ基本条約の調印

日ソ国交樹立によって、日本側は共産主義が国内にも広がることを恐れていた。交渉ではこの点も取り上げられ、条約第五条に、両国政府は秩序と安寧を危うくするようなことは行わない、という一文が入ることで決着した。条文は、政府の援助を受ける個人や団体にも適用されているが、それは暗にコミンテルンの活動を禁止するものだった。

以上のようにソ連にとっては不利な条約を、ソ連はなぜ飲んだのか。そこに、イギリスとの関係悪化を見る研究者もいる。イギリスでは一九二四年一一月に保守党政権が誕生して、一一月二一日に英ソ通商条約を批准しないことをソ連に通告した。ソ連はそれを補う外交的成果を必要としていた。またレーニンの一周忌までに妥結したいという、カラハンの焦りもあった。

ともあれ、レーニンの一周忌前日の一九二五年一月二〇日に、北京の日本公使館で、芳沢駐華公使とカラハン全権が、全七ヵ条の「日本国及ソヴィエト社会主義共和国連邦間の関係を律する基本的法則に関する条約」に調印した。日本では通称、日ソ基本条約と呼ばれる。

この条約本文では、一九〇五年のポーツマス条約が、「完全に効力を存続する」と確認された。これにより、ソ連は南サハリンと千島列島の日本の領有権を承認した。また、漁業条約の改定、日本への利権の供与も決まった。

利権の内容だが、二つの付属議定書のうち、議定書（乙）で、ソ連は北サハリンにおける

日ソ基本条約締結，北京，1925年1月20日　芳沢謙吉駐華公使（左）とカラハン全権（手前）との間で結ばれた．調印の5日前に，スケートで腰の骨を折った芳沢は，ベッドの上で調印した

炭田と油田開発の権利を日本に与えることとされている。油田は、産出地（地積）の五〇パーセントを与え、ソ連側の取り分（報償）が産出量の五から一五パーセントとされた。

治安維持法の制定

日ソ基本条約は、一九二五年二月二五日に、摂政の裕仁親王が臨席して開かれた枢密院審査委員会で、全会一致で可決され、正式に批准された。

それに先立ち、加藤首相は一月二二日に、貴族院における施政方針演説で、この条約の調印を報告できるのは、「私の最も悦《よろこび》とする所であります」と述べている。

その反面、加藤首相は共産主義への警戒を露《あらわ》にしている。調印当日の一月二〇日には、ソ連との国交が回復してもしなくても、共産主義の取り締まりは厳重にするのはもちろんであると、憲政会の大会で述べている。

一九二五年四月二二日に公布された治安維持法は、その結実である。制定に先立ち、二月一九日に衆議院で開かれた審議で、若槻内相は法案について説明した。「俗《ぞく》の言葉で申し上げれば此《この》法律は無政府主義、共産主義を取締《とりしま》る法律であると言っても宜《よろし》いのであります。［中略］無政府主義、共産主義を実行せんとしてはいけぬという云《い》う取締法であります」。

同床異夢の日ソ基本条約

加藤内閣の幣原外相は、岩崎弥太郎の四女雅子《まさこ》を娶《めと》り、首相とは義兄弟にあたる。外務省の欧米局第一課長として、日ソ交渉を担当した東郷茂徳《とうごうしげのり》（のち外相）によれば、幣原外相はソ連との交渉中に、「非常なる熱心を以て交渉を指導せられ、条約案文が英語であったので、其作成修正には更に一層の興味を示され」た（『東郷茂徳外交手記』）。

しかし幣原は、日ソ基本条約の締結で、共産主義国のソ連と日本が、あたかも同盟関係に入ったように世界で誤解されることを恐れていた。エドガー・バンクロフト駐日アメリカ大使に、幣原はこう釈明した。加藤首相は政権を担う前から、日本軍はサハリンから撤退すべきだと公言していたから、日ソの国交樹立は不可欠だった。しかし、日本がソ連やドイツと提携するのではないか、という世評は「非常識」である、と（『幣原喜重郎と二十世紀の日本』）。

他方でソ連では、共産党書記長として権力を握ったスターリンが、国交樹立にまったく違った意義を見出していた。一九二五年八月に、彼は新聞記者の布施勝治の書面インタヴューに答えた。

「日本人が東洋においてもっとも進歩的な民族であり、抑圧された諸民族の解放に関心を抱いているのは間違いない。日本とソ連の人民の同盟は、東洋諸民族を解放する決定的な一歩となる。この同盟は、大植民地帝国と世界における帝国主義の、終わりの始まりとなるかもしれない」（*Сталин. Сочинения. Т. 7.*）。「大植民地帝国」とは、ソ連と関係の悪化しているイギリスなどを指すのだろう。反欧米列強の「同盟」の一里塚として、スターリンは日ソ国交回復を位置づけていた。

このように、双方の思惑は異なる国交樹立ではあるものの、それでも七年にわたった東京とモスクワの断交が解消された意義は大きい。ソ連の初代駐日大使ヴィクトル・コップは、一九二五年四月二四日に東京に着任した。駐ソ大使には、芳沢が赴任を打診されたが断ったため、まず臨時代理大使として佐藤尚武が、その後に特命全権大使として、前外務次官の田中都吉《ときち》が七月一四日に着任している。

北サハリンの撤兵、南サハリンへの行啓

一九二五年五月一四日、日本軍は日ソ基本条約の取り決め通り、北サハリンから撤兵した。

七年の長きにわたったシベリア出兵は、ようやく全占領地からの撤兵を終えた。

一九二五年二月一二日の、枢密院における宇垣一成陸相の説明によれば、サハリン州派遣軍は、一九二〇年に対岸の占領地も含めると四六〇〇名を数えたが、二五年には二〇〇〇名に半減していた。問題は、北サハリンの民間人である。宇垣陸相によれば、北サハリンには日本人が一七〇〇名、朝鮮人が一〇〇〇名、さらに中国人やロシア人も含めると約一万人が住んでいた。

そうした民間人の多くは、日本軍の撤兵とともに、財産を捨てて南サハリンへと移住することを余儀なくされた。加藤内閣は閣議決定により、戸籍が明らかで、資力のない北サハリンからの引揚者は、日本人にも朝鮮人にも、アレクサンドロフスクからの船賃など旅費を貸与した。

北サハリンから撤退した後の日本人の関心は、日本がその手に留め置いている南サハリンに転じる。一九二五年八月九日から五日間、摂政の裕仁親王が弟の高松宮宣仁《たかまつのみやのぶひと》親王、義兄の久邇宮朝融《くにのみやあさあきら》王とともにこの地へ上陸しているのも、そのことと無関係ではないだろう。

特に裕仁親王は、この地を訪れる前に、最後のサハリン州派遣軍司令官だった井上一次《いのうえかずつぐ》陸軍中将ら、軍人たちからこの島について講義を受けている。島民たちに下された文書（令旨《りょうじ》）では、「前人《ぜんじん》の功を空《むな》しくすることなく」努めるよう励ました（『皇太子殿下樺太行啓記』）。

なお裕仁親王たちが行啓中の八月一三日に、鉄道省が主催した「樺太観光団」およそ三〇

○人もこの島に上陸した。ツアーに参加した歌人の北原白秋《きたはらはくしゅう》は、サハリン島の沖合いに浮かぶ海豹島《かいひょうとう》（現チュレーニー島）で見た光景を記す。

「島の最高部、柱が天を摩《ま》して一本、日章旗だ。日本だ、日本だ」（『フレップ・トリップ』）。

摂政の行啓と鉄道省の観光団は、現地の人びとと「本土」の結びつきを強め、南サハリンを自国の領土「樺太」として、日本人にあらためて確認させる役割を果たした。

北サハリンの利権獲得とその後

残るは、シベリア出兵で日本が唯一獲得した利権である、北サハリンの石油や石炭の交渉である。カラハンは海軍が熱望する油田の問題と撤兵問題をからめ、日本軍が完全に撤兵した日から五ヵ月以内に契約を結ぶ、という交換公文をかわした。

この「日ソ通商細目協定」の日本側代表は、舞鶴《まいづる》要港部司令官の中里重次《なかざとしげじ》海軍中将、三菱合資会社理事の奥村政雄《おくむらまさお》であった。

中里は、かつて海軍省軍需局長を務めていた一九二四年六月に、北サハリンの石油利権は国防上と産業上において、もっとも熱望すると外務省へ訴えていた。彼は予備役に編入され、北薩哈嗹《サガレン》石油企業組合の代表としてモスクワに派遣された。日ソ基本条約の規定により、日本政府が契約の当事者となることができなかったためである。

三菱財閥からの代表選出は、以前から北サハリンの石油や石炭の事業に関与していたことと、加藤首相との関係があるのだろう。その奥村は、モスクワでの交渉をこう回想している。

　相手側の首脳はトロツキーで「私たちは昼間は本来の仕事がある。交渉は夜にしてほしい」という。しかたがないので、毎日午後六時から始めることにしたが、先方はソ連の国内法（私有財産を認めない）を尊重してもらわないと困ると主張し、日本側はこれを受けてたたねばならなかった。結局、先方側の案が基礎になって連夜審議が行われたものである。（『私の履歴書』第一七集）

　唯一、日本が出兵で獲得した北サハリンの利権も思うに任せないまま、日本の代表団は条文に修正を加えた。日ソ間でその契約が結ばれたのは一九二五年一二月一四日で、交換公文での取り決めよりも遅れた。

　中里を社長に、北樺太石油株式会社が創業されたのは、一九二六年六月である。八月には、三菱、住友、三井といった財閥の出資により、石炭をおもに採掘する北樺太鉱業株式会社も設立されている。取締役会長には川上俊彦が就任した。

　北樺太石油会社の経営は、好調なスタートを切った。創業から三年目には原油生産量が年間一〇万トンを突破し、日本への搬出量も拡大した。しかし、「順調な発展を遂げたのは初期の数年間でしかなく、ほとんどの時期はソ連関係当局による圧迫の歴史であったといっても過言ではない」(『北樺太石油コンセッション』)。

一九三〇年代に入ると、日ソ関係の悪化を受け、両社へのソ連の圧力は強まり、経営は悪化した。ソ連を仮想敵にした前年の日独防共協定の締結が原因で、まず北樺太鉱業が、一九三七年にほぼ操業を停止した。北樺太石油も、日本が一九四一年に日ソ中立条約を結ぼうとした際に、利権の解消がソ連側からの条件として提示される。アジア・太平洋戦争が激化してゆくなかで、ソ連に中立を維持させたい日本も交渉に応じた。こうして、一九四四年三月一〇日に、北サハリンの利権移譲の協定が結ばれている。

3 失われた人命と財貨——七年間の戦争の結果

日露の犠牲者数

一九一八年のウラジオストクへの出兵から、二五年の北サハリンからの撤兵まで、七年におよんだ出兵で、日本の人的、物的な損失はどれほどだったのだろうか。

『靖国神社忠魂史』によれば、シベリア出兵の全期間にわたる陸海軍の軍人、軍属の戦病死者数を合算すると、戦死二六四三人、病死六九〇人、計三三三三人である。戦没者の出身地は、北海道から沖縄まで全国に広がっている。

しかしここには、尼港事件の民間人犠牲者は含まれていない。靖国神社には事件で犠牲となった軍属・領事館員は合祀されたが、民間人は合祀されなかった。民間人でも在郷軍人は、日本軍の指揮下で行動して戦死した証拠があるので合祀されたい、との請願があったものの、認められなかった。ほかにも義勇兵として戦闘に参加した者や、巻き込まれた民間人の事例も含めれば、その犠牲者数は増えるだろう。

ところで、シベリア出兵の特徴は、兵士たちの多くが病に倒れたことである。一九一八年八月三日から二〇年一〇月三一日までに、戦死者および戦傷者一名に対して、三八・九八人という比率の戦病者を出している。その数は、日清戦争の四一・三三人に匹敵する。ちなみに、日露戦争は四・四人だった。

病気の原因の第一位は「栄養器病」で、なかでも急性胃腸炎が全体のうち二割を占めた。ほかにも、世界で流行していたスペイン風邪（流行性感冒）の患者も一万二二三一人を数えた（『西伯利出兵衛生史』第五巻）。

彼らを看護するために、日本赤十字社は看護師を派遣している。第一陣は、チェコ軍団の救援もあり、日本軍の出兵が始まる前の、一九一八年七月二九日にウラジオストクへ上陸した。第一陣は男性の看護士のみだったが、回を重ねるごとに女性が増えた。派遣された総数三一一名のうち、一四五名を女性が占めている。このうち、二名の看護婦が病死した。看護婦が戦地まで赴くのは、シベリア出兵が初めてだった。

一方、シベリア出兵に伴うロシア側の死傷者数は不明である。しかし、日本側のそれを上回ることは、日露の歴史家で一致する。極端な数字と思うが、ロシア側の犠牲者の数は、戦死、餓死、病死をあわせて八万人という推計もある（『ロシアの二〇世紀』）。

日露の経済的損失

戦争は国家財政をも傾かせる。

シベリア出兵における陸海軍の作戦行動に必要な経費は、一般会計から切り離して、臨時軍事費特別会計によって賄われた。このうち、陸軍省のシベリア出兵分は五億七九四〇万円で、海軍省は一億二四七〇万円である。合計すると、七億四一〇万円になる（「第一次大戦・シベリア出兵の戦費と大正期の軍事支出」）。

なお、臨時軍事費特別会計は、シベリア出兵の戦費一億四〇〇万円を調達できずに、一九二四年一二月から翌年三月に開催の、第五〇議会で廃止された。

さらに、ソ連はロシア帝国の債務引継ぎを拒否したため、日本政府や民間が引き受けたロシア国債など、二・九億円が回収できなかった。これらは加藤高明内閣により、日本国債に振り替えられ、国民の負担となった。そのなかには、第一次世界大戦中に、日本がロシア帝国に売った、多くの武器の未回収の代金も含まれていた。

大正時代の後期（一九二〇年から二五年）に、日本の歳入は決算額で毎年ほぼ二〇億円で推移していた。その一般会計でも、一九二〇年には軍事費に九億円あまりを費やしている。

臨時軍事費特別会計と一般会計の両方を合わせると、この時期の日本の国家財政は、シベリア出兵を推し進めた陸海軍によって大部分が費やされていた。

一方、ロシアの被った経済的な損失は正確な統計に欠けるが、木材が六五万立方メートル以上、漁業の被害総額が四五〇万ルーブル以上で、ザバイカル州と沿海州では貨車が二〇〇〇両以上も失われるなどした。さらに北サハリンでは、石油、石炭、木材の被害総額は一〇〇〇万ルーブル以上になると、ソ連時代の統計は伝えている（『ロシアの二〇世紀』）。

機密扱いとなった史料

これほど多くの犠牲を生みながら、第二次世界大戦前に、国民はシベリア出兵からほとんど教訓を得られなかった。それは、陸軍が出兵にまつわる情報公開に消極的だったことが背景にある。

シベリア出兵を推進した参謀本部は、ウラジオストク撤兵までを扱った「秘 大正七年乃至十一年西伯利出兵史」（一九二四年）、そして北サハリンの撤兵までを扱った「軍事極秘 大正十二年乃至十四年薩哈嗹駐兵史」（一九二六年）という、大部の戦史を編んだものの、国民には公表しなかった。参謀本部お墨付きの戦史として刊行されたのは、菅原佐賀衛《すがはらさがえ》陸軍少将の編纂した、二〇〇ページにも満たない『西伯利出兵史要』（一九二五年）のみである。

参謀本部は、日清戦争を扱った『明治二十七八年日清戦史』を全八巻で、日露戦争を扱った『明治三十七八年日露戦史』を全一〇巻で刊行している。いずれも公刊戦史のため、軍にとって都合の悪いところは省かれているが、シベリア出兵との分量の差は明らかだろう。参謀本部にとってシベリア出兵は、忘れられることが何よりだったのかもしれない。

例外的に、参謀本部が編集に協力した『靖国神社忠魂史』(一九三三~三五年)が、北サハリン撤兵までの数少ない通史となっている。ただし、戦没者の追悼と記名に重点が置かれ、政策決定の議論にまでは踏み込んでいない。

日本でシベリア出兵の研究が本格化するのは、戦後からである。一九五〇年から『原敬日記』が刊行されて、政治家たちの動向が掘り下げられたのを皮切りに、『日本外交文書』の刊行で、外交面での研究が進んだ。一九七二年には、ようやく参謀本部編『西伯利出兵史』が復刻されて、軍事面からの研究も進んだ。

「学問が先行しないから資料の開発が進まない。資料が少ない所に豊かな学問は実らない。つまり両者が因果関係になって互いに足を引っぱり合う結果になっている」。

作家の高橋治《おさむ》(一九二九~二〇一五)は、シベリア出兵を題材とする未完の小説『派兵』第二部(一九七三年刊)の「あとがき」で、出兵研究の現状についてこう記した。では、当時よりも史料公開が進んだ現在、日本で研究が盛んになったのかというと、心もとない。

終章 なぜ出兵は七年も続いたのか

多大な人命と財貨を費やしながら、得るものの少なかったシベリア出兵。ではなぜ、この戦争は七年も続く長期戦になってしまったのだろうか。

もともとシベリア出兵は、イギリスやフランスが第一次世界大戦で勝利するために思いついた、大戦下の補助的な作戦に過ぎなかった。だがその後、日本など各国を巻き込んだことで二転三転してゆく。結局、日本は出兵した国々でも最長の期間シベリアに居座り、最多数の兵士を送り込むことになった。

出兵を始めたのは寺内正毅内閣だが、開始早々に、出兵に反対する原敬が首相に就任した。だが首相となった原も、完全な撤兵を成し遂げられなかった。その原因は三つ考えられる。

「統帥権の独立」

第一の原因は、戦前の日本における、軍隊を指揮する命令系統にある。

第1章で述べた「統帥権の独立」により、軍に命令する権限（軍令）は政府から切り離されていた。そうした法制度のもと、原首相がシベリア出兵を抑制しようとすること自体、そもそも大きな挑戦だった。

具体的には、原首相による軍の統制には、三つの壁が立ちはだかった。

まず首相には、各省の行政長官でもある国務大臣への命令権はない。したがって首相が軍を統制するには、まず陸相、海相と協力関係にあることが前提となる。シベリア出兵のあいだ、歴代の首相と陸相と海相は、おおむね協力していた。特に田中義一陸相と加藤友三郎海相は、撤兵の段取りをつけようとする原首相を支え続けた。

問題は参謀本部である。出兵が長期化したのは、段階的な撤兵を進める原内閣に対し、参謀本部が非協力的だったことに原因がある。ひとたび軍を動かせば、作戦全般を担う参謀本部の意向は絶大であった。そこで原首相と田中陸相は連携して、閣議で決定した段階的な撤兵方針を、外交調査会で承認させて権威づけ、それを参謀本部に押し付けた（『逆説の軍隊』）。この方法で原と田中は参謀本部を抑え込むことに成功する。

さらに、参謀本部の背後に控える元老、山県有朋も無視できなかった。シベリア出兵にかかわる基本方針について、原首相と田中陸相は、山県に事前や事後の承諾を得ていることからもそれは明白だろう。山県の側近だった平田東助は、「元老は関白《かんぱく》である」（『大正デモクラシー期の政治』一九二四年八月三〇日）と評しているが、言い得て妙である。だが、山県も原を高く評価するようになっていた上に、一九二〇年末になると、北サハリンを除けば撤兵するべきだと意見を変えた。

要するに、撤兵の障害となる三つの壁は、一九二一年にはほぼ乗り越えられていた。では、東京駅で非業《ひごう》の死を遂げるまで、原首相が撤兵を断行できなかったのはなぜか。その理由はさらに二つある。

親日政権の樹立に失敗

シベリア出兵は当初、軍事的には成功した。だが日清戦争や日露戦争のように、国家間で講和条約を結び、撤兵へと導くことはできない。そもそも日本は、ソヴィエト政府を国家として認めずに出兵を始めたので、交渉相手となる国家がない。さらに、シベリア出兵は戦争ではないという建前なので、講和条約ではなく、結べるのは撤兵の協定が精一杯だった。そして、各国との共同出兵であるために、単独での撤兵は憚《はばか》られた。

自ら撤兵しないのであれば、日本に残された道は二つだけだ。一つは、ソヴィエト政府を国家として認め、撤兵の代償を約束する協定を結ぶ。もう一つは、あくまでソヴィエト政府を認めず、日本に有利な撤兵協定に応じる親日政権を、シベリアに樹立する。

日本は後者を選んだ。原内閣はコルチャーク政権に期待して、世界に先駆けて承認したが、この政府は一年余りで崩壊した。このあとも、日本を頼る地方政権はあったが、いずれも弱小で、ソヴィエト政府に対抗できるものではなかった。

要するに、日本はロシアの内戦の見通しを誤り、ソヴィエト政府を過小評価して交渉相手としなかった。これが、撤兵が遅れた第二の理由である。

「死者への債務」

第三の理由は、原敬のみならず、当時の政治家に共通する心理である。

従来論じられてきたように、原首相が早期の撤兵を模索したのは確かだ。ザバイカル州やアムール州、沿海州のハバロフスクからは、内閣の主導で一九二〇年に撤兵している。だが、ウラジオストクをはじめとする沿海州南部や、北満洲（中東鉄道沿線）から撤兵するのに、原は消極的だった。北サハリンについては、撤兵を考慮すらしていない。

その理由として、原が、植民地の朝鮮や南満洲での既得権益の防衛、さらには北満洲と北サハリンでの新たな利権獲得に執着していたことがある。田中陸相も山県も、ほかはともかく、北サハリンには未練を残した。

原が暗殺されてから、やむをえず兵を引いた沿海州や北満洲は別として、後継の首相たちも、北サハリンから「手ぶら」で撤兵する決断は下せなかった。陸軍・海軍・外務省もまた、北サハリンの領土か資源を獲得できなければ、撤兵と国交樹立には応じない、という方針は一貫している。撤兵に大きな見返りを求めるほど、撤兵は限定的で、緩慢とならざるをえない。その結果、撤兵の決断は、指導者間で先送りにされ続けた。

かつて加藤高明は原首相との論戦で、「出兵は長くして置いたが、土産も持たずして帰っては面目ない」という態度は、「極めて姑息《こそく》」であり、「極めて非愛国」な「面目論」であると糾弾したことがある（一九二二年一月二四日、貴族院）。しかしその加藤も、首相に就任すると、「土産のない」ままでは、北サハリン撤兵を断行できなかった。

これが日本の出兵が長引いた第三の理由である。つまり、出兵しても何も得ずでは兵を引けないという、指導者たちの負い目のゆえであった。

アメリカの日本史研究者、ジョン・ダワーは指摘している。「人が死ねば死ぬほど、兵は退《ひ》けなくなります。リーダーは、決して死者を見捨てることが許されないからです。この『死者への債務』は、あらゆる時代に起きていることです。犠牲者に背を向けて、『我々は間違えた』とはいえないのです」（『日本人はなぜ戦争へと向かったのか』）。

出征した兵士たちの死を無駄にしたくはない、という「死者への債務」は、それを補うに足る代償を求めることで、出兵をいたずらに長引かせる。国民の支える政党内閣であれば、なおさら民意に配慮せざるをえない面もあっただろう。加藤友三郎首相が沿海州からの無条件撤兵を断行できたのは、彼が政党に立脚しない軍人だったからとも言える。

開戦の決断は華やかで、勇ましい。その結果が戦勝であればまだしも、得ることもなく戦争を終わらせる責任を負うのは、その何倍も難しいことをシベリア出兵は教えている。

拡散していく出兵地域と迷走する大義

撤兵に手間取っている間に、出兵する地域は拡散していった。占領地域は、一九一九年末に日本海に面したウラジオストクから、バイカル湖近くのイルクーツクにまで及んだ。同年に日本で発行された『西伯利鉄道旅行案内』によれば、その距離はシベリア鉄道で三〇二七露里《ヴェルスタ》、すなわち三二二九キロメートルになる。北海道（択捉島《えとろふ》）から沖縄（与那国島《よなぐに》）までの直線距離に、ほぼ相当する。

シベリア出兵を、四つの出兵に分類する見方もある。すなわち、ウラジオストク、北満洲・ザバイカル州、北サハリン、間島への出兵である（『複合戦争と総力戦の断層』）。ザバイカル州から撤退した後も、北満洲の中東鉄道沿線への駐兵を継続したことからすれば、五つの地域への出兵の複合体がシベリア出兵と言えようか。いずれにせよ、出兵地域がこのように拡散したことが、全体的な評価を下すのを難しくしている。

ただ、出兵された地域がすべて、日本の植民地や権益を持つ地域に隣接していたのは示唆的である。一九一七年のロシア革命は、ロシアにとどまる話ではなく、ユーラシア大陸における国際秩序の大規模な再編であった。その渦中で日本は、大陸における既得権益の維持と拡大を図ろうとした結果、出兵地域は拡散していったと考えられる。

出兵の大義名分が二転三転したのも、拡大・縮小する戦線に、何とか辻褄《つじつま》を合わせようとしたためだ。そもそも、チェコ軍団の救出という利他的なものだった大義名分は、満蒙権益の擁護など、次第に日本の利己的なものへ堕《お》ちていった。

もっとも、出兵が長引いた責任は、指導者たちだけに帰《き》せられるべきではない。原敬から加藤友三郎の内閣までを支えた政友会、そして出兵に乗じてシベリア進出を企てた財界にも、責任の一端がある。出兵に反対した新聞や雑誌も、尼港事件は格好の「ネタ」として、国民に火をつけた。

ただし、石橋湛山、中野正剛、与謝野晶子に代表されるように、一貫して撤兵を主張し続けた言論人も無視するべきではない。当時の日本人すべてを断罪するような勧善懲悪の史観では、歴史の一面を照らすだけである。

シベリア出兵と日中戦争の類似

では、シベリア出兵は、その後の日本にどのような影響を及ぼしたのか。

日本政治思想史の研究に大きな足跡を残した橋川文三《はしかわぶんそう》によれば、シベリア出兵の体験を通じて、日本兵は難民となったロシア人を多数目撃したため、幕末以来抱いてきた、白人に対する「劣等感」を稀薄化させることになったという（『黄禍物語』）。関心をくすぐる指摘だが、橋川が依拠したのは、シベリア出兵に従軍した陸軍の軍人、佐々木到一《ささきとういち》の回想録のみである。

陸軍がロシアへの蔑視を強めた可能性はあるかもしれないが、実証性には欠ける。

政府の方針に軍部が抗《あらが》うことで、日本が「二重外交」になったことや、さまざまな工作や謀略を担う陸軍の特務機関が設けられた点、それに現地に傀儡政権をつくって事実上コントロールする手法も、シベリア出兵に起源があると唱える研究者もいる(『歴史は生きている』)。

補足すると、明治維新以来、政治と軍事の指導者たちが対立したのは、何もシベリア出兵が初めてではない。しかし、現地での謀略により出兵の口実をつかもう、という陸海軍の姿は、一九三〇年代の中国でも見られた。現地に親日政権を樹立して、日本にとって有利な諸条約を結ばせる手法もまた、シベリア出兵ですでに試みられている。

緒戦では大勝するものの、次の段階では、広大な空間を舞台に、神出鬼没の非正規軍の襲撃に悩まされる。さらに、その敵とつながっていると見なした現地の住民を敵視して、討伐し、結果的に四方を敵に回した兵士たちも疲弊していく。そのようなシベリア出兵の展開も、一九三七年から四五年まで長引いた日中戦争と似通っている。日中戦争では、シベリア出兵に参加した多くの将校たちが昇進して指揮をとっているが、その経験が生かされたようにも見えないのが、シベリア出兵のさらなる悲劇である。

逆説的だが、シベリア出兵は、政府が軍部を従わせて撤兵に成功した、戦前最後の戦争であったとも評価できよう。満洲事変をきっかけに、一九三〇年代には政府と軍部の地位は逆転して、歴代の内閣は軍部の意向に追従せざるをえなくなる。最終的に撤退を決断できるほどの指導者を欠いたことが、シベリア出兵と日中戦争の最大の違いかもしれないが、さらなる考究はまた別の機会に譲ろう。

あとがき

本書は、シベリア出兵をテーマとする、初の新書である。

シベリア出兵を、主に日本の視点から書いて下さい、と中公新書編集長の白戸《しらと》直人《なおひと》さんに持ちかけられたのは、ある年の瀬に、京橋で酒を酌みかわしていた時だ。

以前より関心のあるテーマだったものの、名だたる先行研究がそびえることもあり、執筆には迷いがあった。だがこのテーマで、全体を見渡せる新書となると皆無だった。またソ連崩壊後に、日本でもロシアでも研究は細分化し、全体像はかえって見えにくくなっている。あらためて、最新の知見を盛り込んだ通史を編むのに、中公新書こそふさわしいと考えてお受けした。

シベリア出兵は学界では論じられるものの、人びとからは忘れられている、という危機感も執筆を後押しした。教壇に立つようになってから、その思いはより一層深まっている。シベリア出兵と言えば、米騒動との関連で教えられてきただけの学生は多い。学生に限らず、多くの日本人にとって、日露戦争とアジア・太平洋戦争に挟まれたシベリア出兵の印象は薄い。二〇一八年には、出兵が始まって一〇〇周年を迎える。読者諸賢のさらなる好奇心で、この忘れられた戦争に、新しい知見が付け加えられるのを期待したい。

本書は、多くの方々のご助力のもと刊行できた。執筆の機会を与えて下さった上に、懇切丁寧にこの原稿に向き合ってくれた白戸さんと校閲者の方に、心より御礼申し上げる。

また、ご多忙な合間をぬって、拙稿に目を通して下さった戸部《とべ》良一《りょういち》先生、服部龍二《はっとりりゅうじ》先生、櫻井《さくらい》良樹《りょうじゅ》先生には感謝してもしきれない。三者三様の鋭い指摘に、本書はどれほど救われていることか。それでも、最終的に本書の全責任を負うのは筆者である。

私事ながら、本書は岩手大学へ赴任してから大部分を仕上げた。『原敬日記』に多くを負う本書が、原が生まれ育ち、いまも眠る盛岡で擱筆するのも、何かの縁であろう。岩手県は、本書に登場する後藤新平や斎藤実、米内光政の故郷でもある。

なお本書は、日本学術振興会の若手研究（B）「スターリンの『満蒙問題』、一九二一～一九三一年」の研究成果の一部である。

最後に、執筆中に亡くなった祖母、野添《のぞえ》陸奥子《むつこ》へ、本書を捧げることをお許し願いたい。万巻の書物よりも、戦争とは何かを身をもって教えてくれたのは、身近な祖母であった。

新緑の盛岡にて

参考文献一覧（著者名の五十音順）

【一次史料】
アジア歴史資料センター（JACAR）
外務省外交史料館
国立公文書館
国立国会図書館憲政資料室
「田中義一関係文書」
国立国会図書館「帝国議会会議録検索システム」
防衛省防衛研究所

【公刊史料】
青森県史編さん近現代部会編『青森県史 資料編 近現代（三）――「大国」と「東北」の中の青森県』青森県、二〇〇四年
麻生大作編『高橋是清伝』高橋是清伝刊行会、一九二九年
伊藤隆、広瀬順晧編『牧野伸顕日記』中央公論社、一九九〇年
伊藤隆ほか編『続・現代史資料――海軍 加藤寛治日記』みすず書房、一九九四年
伊東巳代治（小林竜夫編）『翠雨荘日記』原書房、一九六六年
上原勇作関係文書研究会編『上原勇作関係文書』東京大学出版会、一九七六年
大井成元「西比利亜出兵ニ関スル思出ノ一端」広瀬順晧編『近代外交回顧録』第四巻、ゆまに書房、二〇〇〇年
大山梓編『山県有朋意見書』原書房、一九六六年
岡義武、林茂校訂『大正デモクラシー期の政治――松本剛吉政治日誌』岩波書店、一九五九年
外務省編『日本外交年表竝主要文書』上・下巻、原書房、一九六五・六六年
外務省編『日本外交文書』日本国際協会
宮内庁編『明治天皇紀』第一〇巻、吉川弘文館、一九七四年
宮内庁編『昭和天皇実録』第三・四巻、東京書籍、二〇一五年
栗山東三『酷寒の黒竜江をゆく――父のシベリア出兵日記』栗山荘之助、一九九三年
憲兵司令部編『西伯利出兵憲兵史』国書刊行会、一九七六年
小林道彦ほか編『内田康哉関係資料集成』第一巻、柏書房、二〇一二年
四竈孝輔『侍従武官日記』芙蓉書房、一九八〇年
尚友倶楽部編『上原勇作日記』芙蓉書房出版、二〇一一年
尚友倶楽部、西尾林太郎編『水野錬太郎回想録・関係文書』山川出版社、一九九九年
季武嘉也ほか編『田健治郎日記』第四巻、芙蓉書房出版、二〇一四年

高橋義雄『万象録――高橋箒庵日記』第七巻、思文閣出版、一九八九年
角田順校訂『宇垣一成日記』第一巻、みすず書房、一九六八年
富田武、和田春樹編訳『資料集――コミンテルンと日本共産党』岩波書店、二〇一四年
波多野澄雄、黒沢文貴編『侍従武官長奈良武次日記・回顧録』第一・四巻、二〇〇〇年
原奎一郎編『原敬日記』乾元社、一九五〇・五一年
原敬全集刊行会編『原敬全集』下巻、原書房、一九六九年
広瀬順晧、櫻井良樹、尚友倶楽部編『伊集院彦吉関係文書（二）――駐伊大使期』芙蓉書房出版、一九九七年
ポール・クローデル（奈良道子訳）『孤独な帝国――日本の一九二〇年代』草思社、一九九九年
松尾勝造（高橋治解説）『シベリア出征日記』風媒社、一九七八年
山県有朋関係文書編纂委員会編『山県有朋関係文書』全三巻、山川出版社、二〇〇五～〇八年
山本四郎編『三浦梧楼関係文書』明治史料研究連絡会、一九六〇年
山本四郎編『西原亀三日記』京都女子大学、一九八三年
山本四郎編『寺内正毅内閣関係史料』下巻、京都女子大学、一九八五年
陸軍参謀本部編『大正七年乃至十一年西伯利出兵史』上・中・下巻、新時代社、一九七二年

【回想録・自伝など】

アタマン・セミョーノフ（笠原十九司、金子久夫訳）「セミョーノフ自伝」『宇都宮大学教育学部紀要』第一部、第三二～四二号、一九八二～九二年
芦田均『革命前夜のロシア』文芸春秋新社、一九五〇年
石橋湛山『湛山座談』岩波同時代ライブラリー、一九九四年
石光真清『誰のために――石光真清の手記』中央公論社、一九七九年
尾崎行雄『日本憲政史を語る』下巻、東京モナス、一九三八年
西園寺公望『西園寺公望自傳』大日本雄弁会講談社、一九四九年
沢田茂（森松俊夫編）『参謀次長沢田茂回想録』芙蓉書房、一九八二年
高橋是清・上塚司『高橋是清随想録』本の森、一九九九年
陳抜述、陳鐸記（伊藤秀一訳）「ニコラエフスクの回想」『ロシア史研究』第二三号、一九七五年
東郷茂徳『東郷茂徳外交手記――時代の一面』原書房、一九六七年
トロツキー（高田爾郎訳）『トロツキー自伝』第二巻、筑摩書房、一九八九年
トロツキー（森田成也訳）「二人のトーリー党員による革命家論」『レーニン』光文社古典新訳文庫、二〇〇七年
長沼応陽『西比利亜実戦記』岐阜日日新聞社、一九二〇年
西川虎次郎『西伯利出征私史』偕行社、一九二五年
西原民平編『日本外交史人物叢書（九）――川上俊彦君を憶ふ』ゆまに書房、二〇〇二年
三浦梧楼『明治反骨中将一代記』芙蓉書房、一九八一年
水野錬太郎『我観談屑』萬里閣書房、一九三〇年
若槻礼次郎『明治・大正・昭和政界秘史――古風庵回顧録』講談社学術文庫、一九八三年

【二次史料】
青木雅浩『モンゴル近現代史研究』早稲田大学出版部、二〇一一年
赤澤史朗『戦没者合祀と靖国神社』吉川弘文館、二〇一五年
麻田貞雄『両大戦間の日米関係――海軍と政策決定過程』東京大学出版会、一九九三年
麻田貞雄「『平和の使徒』としての加藤友三郎」『同志社法学』第六三巻三号、二〇一一年
浅野豊美「日ソ関係をめぐる後藤新平と幣原喜重郎」杉田米行編『一九二〇年代の日本と国際関係――混沌を越えて「新しい秩序」へ』春風社、二〇一一年
朝日新聞取材班『歴史は生きている――東アジアの近現代がわかる一〇のテーマ』朝日新聞出版、二〇〇八年
有馬学『日本の近代（四）――「国際化」の中の帝国日本 一九〇五～一九二四』中央公論新社、一九九九年
有山輝雄『近代日本ジャーナリズムの構造――大阪朝日新聞白虹事件前後』東京出版、一九九五年
アレクセイ・A・キリチェンコ（川村秀編、名越陽子訳）『知られざる日露の二百年』現代思潮新社、二〇一三年
イアン・ニッシュ（関静雄訳）『戦間期の日本外交――パリ講和会議から大東亜会議まで』ミネルヴァ書房、二〇〇四年
飯嶋満「シベリア出兵における憲兵と特務機関について」明治大学大学院文学研究科『文学研究論集』第二四号、二〇〇五年
池田十吾『第一次世界大戦期の日米関係史』成文堂、二〇〇二年
井竿富雄『初期シベリア出兵の研究――「新しき救世軍」構想の登場と展開』九州大学出版会、二〇〇三年
井竿富雄「シベリア引揚者への『救恤』、一九二三年」『山口県立大学学術情報』第一号、二〇〇八年
井竿富雄「尼港事件と日本社会、一九二〇年」『山口県立大学国際文化学部紀要』第一五号、二〇〇九年
井竿富雄「『救恤』政策から見るシベリア出兵史」『ロシア史研究』第八四号、二〇〇九年
井竿富雄「尼港事件・オホーツク事件損害に対する再救恤、一九二六年」『山口県立大学国際文化学部紀要』第一六号、二〇一〇年
井竿富雄「シベリア出兵におけるスペイン・インフルエンザの問題」『山口県立大学国際文化学部紀要』第一七号、二〇一一年
石原豪「日本陸軍の世論対策――第一次世界大戦の影響としての『軍民一致』にむけた宣伝活動」第五〇巻第三・四号、二〇一五年
伊藤正徳「帝政ロシアの崩壊と北満州――緩衝国構想の展開と変容」藤村道生編『日本近代史の再検討』南窓社、一九九三年
伊藤正徳編『加藤高明』下巻、大空社、一九九五年
伊藤之雄『大正デモクラシーと政党政治』山川出版社、一九八七年
伊藤之雄『昭和天皇と立憲君主制の崩壊』名古屋大学出版会、二〇〇五年
伊藤之雄『山県有朋――愚直な権力者の生涯』文春新書、二〇〇九年
伊藤之雄『原敬――外交と政治の理想』下巻、講談社選書メチエ、二〇一四年
稲子恒夫編著『ロシアの二〇世紀――年表・資料・分析』東洋

書店、二〇〇七年
今井清一『日本の歴史（二三）——大正デモクラシー』中公文庫、二〇〇六年
岩井忠熊『西園寺公望——最後の元老』岩波新書、二〇〇三年
ウラジーミル・シシキン（兎内勇津流訳）「軍事独裁への途上のコルチャーク提督——一九一八年九月一九日〜同年一一月一八日」『環オホーツクの環境と歴史』第三号、二〇一三年
NHKスペシャル取材班編著『日本人はなぜ戦争へと向かったのか——メディアと民衆・指導者編』新潮文庫、二〇一五年
エリ・エヌ・クタコフ（ソヴィエト外交研究会訳）『日ソ外交関係史』第一巻、刀江書院、一九六五年
大江志乃夫『日本の参謀本部』中公新書、一九八五年
大角大将伝記刊行会編『男爵大角岑生伝』海軍有終会、一九四三年
小笠原広亮「シベリア出兵における政戦略（四-三）」『陸戦研究』二〇一一年九月号
緒方竹虎『一軍人の生涯——提督・米内光政』文芸春秋新社、一九五五年
荻野富士夫『北洋漁業と海軍——「沈黙ノ威圧」と「国益」をめぐって』校倉書房、二〇一六年
小澤治子「第一次日ソ国交樹立とソ連の交渉ストラテジー」慶應義塾大学『法學研究』第六〇巻一一号、一九八七年
小澤治子「日ソ国交樹立交渉における幣原外交の再評価」『政治経済史学』第二五〇号、一九八七年
小野圭司「第一次大戦・シベリア出兵の戦費と大正期の軍事支出——国際比較とマクロ経済の視点からの考察」『戦史研究年報』第一七号、二〇一四年
外務省欧亜局第一課編『日「ソ」交渉史』巌南堂書店、一九六九年
外務省百年史編纂委員会編『外務省の百年』上巻、原書房、一九六九年
笠原十九司『第一次世界大戦期の中国民族運動』汲古書院、二〇一四年
加藤九祚『シベリアの歴史』紀伊国屋新書、一九六三年
加藤九祚『シベリア記』潮出版社、一九八〇年
加藤高明伝刊行会編『加藤高明伝』加藤高明伝刊行会、一九二八年
加藤博章「シベリア出兵における軍事関係——米国シベリア派遣軍司令官を中心に」『軍事史学』第四八巻三号、二〇〇九年
加藤寛治大将伝記編纂会『加藤寛治大将伝』加藤寛治大将伝記編纂会、一九四一年
加藤陽子『天皇の歴史（八）——昭和天皇と戦争の世紀』講談社、二〇一一年
樺太庁編『皇太子殿下樺太行啓記』樺太庁、一九三〇年
河合秀和『チャーチル——イギリス現代史を転換させた一人の政治家 増補版』中公新書、一九九八年
川田稔『原敬 転換期の構想——国際社会と日本』未來社、一九九五年
川田稔『原敬と山県有朋——国家構想をめぐる外交と内政』中公新書、一九九八年
川田稔『戦前日本の安全保障』講談社現代新書、二〇一三年
川野晄明「共同出兵から単独出兵へ」『近代日本戦争史』第二編、同台経済懇話会、一九九五年
川端香男里ほか監修『新版 ロシアを知る事典』平凡社、二〇〇四年

参考文献一覧

北一輝「日本改造法案大綱」『北一輝著作集Ⅱ』みすず書房、一九五九年
北岡伸一『日本陸軍と大陸政策――一九〇六～一九一八年』東京大学出版会、一九七八年
北岡伸一『後藤新平――外交とヴィジョン』中公新書、一九八八年
北岡伸一『日本の近代（五）――政党から軍部へ 一九二四～一九四一』中央公論新社、一九九九年
北岡伸一『官僚制としての日本陸軍』筑摩書房、二〇一二年
北岡伸一『NHKさかのぼり日本史 外交篇3（大正・明治）――帝国外交の光と影』NHK出版、二〇一二年
北原白秋『フレップ・トリップ』岩波文庫、二〇〇七年
木坂順一郎「大正期民本主義者の国際認識」『国際政治』五一号、一九七四年
姜克實『石橋湛山』吉川弘文館、二〇一四年
姜克實「国策研究会と華盛頓会議国民連合会」『岡山大学大学院社会文化科学研究科紀要』第四〇号、二〇一五年
共同通信社「炎の記憶を乗り越えて シベリアに残る二つの歌」（二〇一六年三月一四日参照：http://www.kyodonews.jp/activity/project/articl01.php）
栗原健「『原敬日記』最後のメモ」栗原健編著『対満蒙政策史の一面――日露戦後より大正期にいたる』原書房、一九六六年
黒沢文貴「シベリア出兵とポーランド孤児の救出」黒沢文貴、河合利修編『日本赤十字社と人道援助』東京大学出版会、二〇〇九年
黒野耐「第一次大戦と国防方針の第一次改定」『史学雑誌』第一〇六巻三号、一九九七年
黒野耐『日本を滅ぼした国防方針』文春新書、二〇〇二年
黒羽茂『日英同盟の研究』東北教育図書、一九六八年
元帥上原勇作伝記刊行会編『元帥上原勇作伝』元帥上原勇作伝記刊行会編、一九三七年
元帥加藤友三郎伝記編纂委員会編『元帥加藤友三郎伝』宮田光雄、一九二八年
纐纈厚『近代日本政軍関係の研究』岩波書店、二〇〇五年
纐纈厚『田中義一――総力戦国家の先導者』芙蓉書房出版、二〇〇九年
児島襄『平和の失速――〈大正時代〉とシベリア出兵』第一～八巻、文春文庫、一九九五年
小林啓治『総力戦とデモクラシー――第一次世界大戦・シベリア干渉戦争』吉川弘文館、二〇〇八年
小林瑞穂『戦間期における日本海軍水路部の研究』校倉書房、二〇一五年
小林道彦『政党内閣の崩壊と満州事変 一九一八～一九三二』ミネルヴァ書房、二〇一〇年
小林幸男『日ソ政治外交史――ロシア革命と治安維持法』有斐閣、一九八五年
小林幸男「対ソ政策の推移と満蒙問題」日本国際政治学会太平洋戦争原因研究部編『太平洋戦争への道（一）――満州事変前夜』朝日新聞社、一九八七年
小林幸男「シベリア干渉の終焉と日ソ修好への道（正）――北京会議における北樺太撤兵問題」『京都学園法学』第四三号、二〇〇三年
ザイツィフ・ディミトリー「邦文新聞『浦潮日報』の報道から見た尼港事件」『大阪大学日本学報』第二五号、二〇〇六年
斎藤治子『リトヴィーノフ――ナチスに抗したソ連外交官』岩

波書店、二〇一六年
酒井哲哉『大正デモクラシー体制の崩壊——内政と外交』東京大学出版会、一九九二年
『薩哈嗹州紀念写真帖』薩哈嗹州紀念写真帖刊行会、一九二三年
櫻井良樹『加藤高明——主義主張を枉ぐるな』ミネルヴァ書房、二〇一三年
澤村修治『日本のナイチンゲール——従軍看護婦の近代史』図書新聞、二〇一三年
信夫清三郎「大正外交史の基本問題」『国際政治』第六号、一九五八年
司馬遼太郎『アメリカ素描』新潮文庫、一九八九年
司馬遼太郎『ロシアについて——北方の原形』文春文庫、一九八九年
司馬遼太郎『「昭和」という国家』日本放送出版協会、一九九八年
鈴木裕子「からゆきさん・『従軍慰安婦』・占領軍『慰安婦』」大江志乃夫、浅田喬二ほか編『岩波講座 近代日本と植民地(五)——膨張する帝国の人流』岩波書店、一九九三年
関栄次『遥かなる祖国——ロシア難民と二人の提督』PHP研究所、一九九六年
関寛治『現代東アジア国際環境の誕生』福村出版、一九六六年
第十二師団司令部編『大正七八年浦潮派遣軍第十二師団忠勇美譚』川流堂、一九二〇年
高橋治『派兵（二）——シベリアの虹』朝日新聞社、一九七三年
高原秀介『ウィルソン外交と日本——理想と現実の間 一九一三〜一九二一』創文社、二〇〇六年
武田晴人「昭和恐慌と日本経済」『岩波講座日本歴史』第一七巻、岩波書店、二〇一四年
竹野学「保障占領下北樺太における日本人の活動（一九二〇〜一九二五）」北海道大学大学院経済学研究科『経済学研究』第六二巻三号、二〇一三年
多田井喜生『朝鮮銀行——ある円通貨圏の興亡』PHP新書、二〇〇二年
橘誠『ボグド・ハーン政権の研究——モンゴル建国史序説 一九一一〜一九二一』風間書房、二〇一一年
田中義一『欧洲大戦の教訓と青年指導』新月社、一九一八年
田中義一伝記刊行会編『田中義一伝記』下巻、田中義一伝記刊行会、一九六〇年
田中文一郎『日露交渉史』外務省政務局第三課、一九四四年
田中陽児、倉持俊一、和田春樹編『世界歴史大系 ロシア史三』山川出版社、一九九七年
駄場裕司「日本海軍の北樺太油田利権獲得工作」『日本海軍史の研究』吉川弘文館、二〇一四年
千葉功『旧外交の形成』勁草書房、二〇〇八年
千葉功「後藤新平日記」御厨貴編『近現代日本を史料で読む——「大久保利通日記」から「富田メモ」まで』中公新書、二〇一一年
塚本英樹「寺内正毅内閣期の対中国財政援助政策」『東アジア近代史』第一八号、二〇一五年
津久井隆「戦う『日本』『女性』——尼港事件をめぐる語り」『早稲田大学大学院教育学研究科紀要別冊』第一二巻二号、二〇〇四年
津久井隆「〈涙〉の共同体——菊池寛『父帰る』とその行方」『早稲田大学大学院教育学研究科紀要別冊』第一五巻一号、

二〇〇七年
鶴見祐輔『正伝・後藤新平』第六巻、藤原書店、二〇〇五年
帝国軍事写真会本部編『西伯利亜派遣軍記念写真帖』帝国軍事写真会、一九二〇年
鉄道院運輸局編『西伯利鉄道旅行案内』鉄道院、一九一九年
徳富猪一郎『公爵松方正義伝』坤巻、公爵松方正義伝記発行所、一九三五年
戸部良一『日本の近代（九）――逆説の軍隊』中公文庫、二〇一二年
富田武『戦間期の日ソ関係――一九一七～一九三七』岩波書店、二〇一〇年
ドミートリー・ヴォルコゴーノフ（生田真司訳）『七人の首領――レーニンからゴルバチョフまで』上巻、朝日新聞社、一九九七年
富永幸生『独ソ関係の史的分析――一九一七～一九二五』岩波書店、一九七九年
長田彰文『日本の朝鮮統治と国際関係――朝鮮独立運動とアメリカ 一九一〇～一九二二』平凡社、二〇〇五年
中谷直司『強いアメリカと弱いアメリカの狭間で――第一次世界大戦後の東アジア秩序をめぐる日米英関係』千倉書房、二〇一六年
中野敬止編『芳沢謙吉自伝』時事通信社、一九六四年
奈良岡聰智『加藤高明と政党政治――二大政党制への道』山川出版社、二〇〇六年
二木博史「大モンゴル国臨時政府の成立」『東京外国語大学論集』第五四号、一九九七年
西重信「沿海州の朝鮮人（～一九三七年）」『環日本海研究』第六号、二〇〇〇年
西山克典「クルバンガリー追尋――もう一つの『自治』を求めて」『ロシアの中のアジア／アジアの中のロシア（I）』北海道大学スラブ研究センター、二〇〇四年
日魯漁業株式会社編『日魯漁業経営史』第一巻、水産社、一九七一年
日本経済新聞社編『私の履歴書』第一七集、日本経済新聞社、一九六三年
バールィシェフ・エドワルド「ロシア革命とシベリア出兵構想の形成」『ロシア史研究』第八四号、二〇〇九年
橋川文三『黄禍物語』岩波現代文庫、二〇〇〇年
畑野勇「戦前期多国籍軍と日本海軍」北岡伸一編『歴史のなかの日本政治（二）――国際環境の変容と政軍関係』中央公論新社、二〇一三年
波多野勝『奈良武次とその時代――陸軍中枢・宮中を歩んだエリート軍人』芙蓉書房出版、二〇一五年
服部英里子「シベリア出兵と東支鉄道管理問題――一九二一～一九二二年を中心に」原朗編『近代日本の経済と政治――中村隆英先生還暦記念』山川出版社、一九八六年
服部龍二『東アジア国際環境の変動と日本外交 一九一八～一九三一』有斐閣、二〇〇一年
服部龍二『幣原喜重郎と二十世紀の日本――外交と民主主義』有斐閣、二〇〇六年
林忠行「パリ平和会議の期間におけるチェコスロヴァキアと『ロシア問題』」『スラヴ研究』第三〇号、一九八二年
林忠行『中欧の分裂と統合――マサリクとチェコスロヴァキア建国』中公新書、一九九三年
林忠行「チェコスロヴァキア軍団」山室信一、岡田暁生、小関隆、藤原辰史編『現代の起点第一次世界大戦（二）――総力

戦』岩波書店、二〇一四年
林博史「シベリア出兵時における日本軍と『からゆきさん』」『戦争責任研究』第二四号、一九九九年
林雄介「中朝国境と日本帝国主義」季武嘉也編『大正社会と改造の潮流（日本の時代史24）』吉川弘文館、二〇〇四年
原暉之「シベリア・極東ロシアにおける十月革命」『スラヴ研究』第二四号、一九七九年
原暉之『シベリア出兵——革命と干渉　一九一七〜一九二二』筑摩書房、一九八九年
原暉之「クラスノシチョーコフと極東共和国」原暉之、藤本和貴夫編『危機の「社会主義」ソ連—スターリニズムとペレストロイカ—』社会評論社、一九九一年
原暉之「ポーツマス条約から日ソ基本条約へ—北サハリンをめぐって—」原暉之、外川継男編『講座スラブの世界（八）——スラブと日本』弘文堂、一九九五年
原暉之「戦争と革命と平和——シベリア出兵をめぐって」『岩波講座世界歴史（二五）——戦争と平和』岩波書店、一九九七年
原暉之『ウラジオストク物語——ロシアとアジアが交わる街』三省堂、一九九八年
原暉之「アムール州イヴァノフカ村の『過激派大討伐』（一九一九年）」田中利幸編『戦争犯罪の構造——日本軍はなぜ民間人を殺したのか』大月書店、二〇〇七年
原暉之「シベリア出兵の終結——沿海州のソヴェト化と日本の撤退一九二二年」ロシア史研究会二〇〇八年度報告ペーパー（二〇一六年三月一四日参照：http://www.tufs.ac.jp/blog/ts/p/jssrh/pdf/2008/hara1005.pdf）
原暉之「ロシア革命とシベリア出兵」『岩波講座東アジア近現代通史（四）——社会主義とナショナリズム　一九二〇年代』岩波書店、二〇一一年
藤本和貴夫『ソヴェト国家形成期の研究——一九一七〜一九二一』ミネルヴァ書房、一九八七年
布施勝治『我観東亜ソ領』北方産業研究所、一九四三年
古川隆久『大正天皇』吉川弘文館、二〇〇七年
古厩忠夫『裏日本——近代日本を問いなおす』岩波新書、一九九七年
細谷千博『ロシア革命と日本』原書房、一九七二年
細谷千博「北サハリンの石油資源をめぐる日・米・英の経済戦争」細谷千博編『太平洋・アジア圏の国際経済紛争史——一九二二〜一九四五』東京大学出版会、一九八三年
細谷千博『両大戦間の日本外交——一九一四〜一九四五』岩波書店、一九八八年
細谷千博『シベリア出兵の史的研究』岩波現代文庫、二〇〇五年
ポダルコ・ピョートル『白系ロシア人とニッポン』成文社、二〇一〇年
堀江満智『ウラジオストクの日本人街——明治・大正時代の日露民衆交流が語るもの』東洋書店、二〇〇五年
前田蓮山『原敬伝』高山書院、一九四三年
松尾尊兊『大正デモクラシー』岩波現代文庫、二〇〇一年
松川克彦「ヴェルサイユ体制下のイギリス勢力均衡政策とポーランド」『京都産業大学論集社会科学系列』第二五号、二〇〇八年
松本健一『原敬の大正』毎日新聞社、二〇一三年
松本健一『評伝北一輝Ⅲ——中国ナショナリズムのただなかへ』中公文庫、二〇一四年

松本清張『昭和史発掘』第一巻、文春文庫、一九七八年
三木会編『三木武吉』三木会、一九五八年
三木理史『国境の植民地・樺太』塙選書、二〇〇六年
三木理史「幻の日本によるサハリン島一島支配——保障占領期南・北樺太の開発」『日本史の研究』第二四八号、二〇一五年
三谷太一郎『近代日本の戦争と政治』岩波書店、一九九七年
村上隆『北樺太石油コンセッション　一九二五〜一九四四』北海道大学図書刊行会、二〇〇四年
百瀬孝「シベリア撤兵政策の形成過程——大正九年十二月〜十年五月」『日本歴史』四二八号、一九八四年
靖国神社社務所ほか編『靖国神社忠魂史』第五巻、靖国神社忠魂史頒布事務所、一九三三年
保田孝一『最後の皇帝ニコライ二世の日記』講談社学術文庫、二〇〇九年
山内昭人「初期コミンテルンとシベリア・極東」『史淵』第一四四号、二〇〇七年
山内昌之『ラディカル・ヒストリー——ロシア史とイスラム史のフロンティア』中公新書、一九九一年
山室信一『複合戦争と総力戦の断層——日本にとっての第一次世界大戦』人文書院、二〇一一年
山室信一「第一次世界大戦の衝撃と帝国日本」和田春樹・山室信一ほか編『岩波講座東アジア近現代通史（三）——世界戦争と改造　一九一〇年代』岩波書店、二〇一〇年
与謝野晶子『与謝野晶子評論集』岩波文庫、一九八五年
与謝野晶子（内山秀夫、香内信子編・解題）『与謝野晶子評論著作集』第一八巻、龍溪書舎、二〇〇二年
芳井研一『環日本海地域社会の変容——「満蒙」・「間島」と「裏日本」』青木書店、二〇〇〇年
吉見義明『従軍慰安婦』岩波新書、一九九五年
李盛煥『近代東アジアの政治力学——間島をめぐる日中朝関係の史的展開』錦正社、一九九一年
リチャード・パイプス（西山克典訳）『ロシア革命史』成文社、二〇〇〇年
立憲民政党史編纂局編『立憲民政党史』上下巻、立憲民政党史編纂局、一九三五年
劉孝鐘「チェコスロヴァキア軍団と朝鮮民族運動——極東ロシアにおける三・一運動の形成」ソビエト史研究会編『旧ソ連の民族問題』木鐸社、一九九三年
ロバート・サーヴィス（三浦元博訳）『情報戦のロシア革命』白水社、二〇一二年
和田春樹『ニコライ・ラッセル——国境を越えるナロードニキ』下巻、中央公論社、一九七三年

【英文史料】

Albert Parry, "Washington B. Vanderlip, the 'Khan of Kamchatka," *Pacific Historical Review* 17-3 (1948).
Carl J. Richard, *When the United States Invaded Russia: Woodrow Wilson's Siberian Disaster* (Lanham, MD: Rowman & Littlefield Publishers, 2013).
Carol Wilcox Melton, *Between War and Peace: Woodrow Wilson and the American Expeditionary Force in Siberia, 1918-1921* (Macon, Ga.: Mercer University Press, 2001).
Clifford Foust, John Frank Stevens: *Civil Engineer* (Indiana: Indiana University Press, 2013).
Clifford Kinvig, *Churchill's Crusade: The British Invasion of*

Russia 1918-1920 (London: Hambledon Continuum, 2006).
David S. Foglesong, *America's Secret War against Bolshevism: U.S. Intervention in the Russian Civil War, 1917-1920* (Chapel Hill: University of North Carolina Press, 2001).
Ian C. D. Moffat, *The Allied Intervention in Russia, 1918-1920: Diplomacy of Chaos* (London, UK: Palgrave Macmillan, 2015).
Jamie Bisher, *White Terror: Cossack Warlords of the Trans-Siberian* (London: Routledge, 2005).
Joan McGuire Mohr, *The Czech and Slovak Legion in Siberia, 1917-1922* (Jefferson, N. Carolina, McFarland & Co., Inc., 2012).
Jonathan D. Smele, *Civil War in Siberia: The Anti-Bolshevik Government of Admiral Kolchak, 1918-1920* (Cambridge: Cambridge, 1996).
Leo J. Bacino, *Reconstructing Russia: US Policy in Revolutionary Russia, 1917-1922* (Kent, OH: Kent State University Press, 1999).
Martin Hošek, "The Hailar Incident : The Nadir of Troubled Relations between the Czechoslovak Legionnaires and the Japanese Army, April 1920," *Acta Slavica Iaponica* 29 (2011).
Paul E. Dunscomb, *Japan's Siberian Intervention, 1918-1922: "A Great Disobedience against the People"* (Lanham, MD: Lexington Books, 2011).
United States Department of State, *Papers Relating to the Foreign Relations of the United States (FRUS), 1918, Russia*. Vol.2 (Washington, D.C.: Government Printing Office, 1932).

【ロシア語史料】
Волков Е. В., Егоров Н. Д., Купцов И. В. Белые генералыВостсчного фронта Гражданской войны: Биографический справочник. М., 2003.
Дальневосточная политика Советской России (1920-1922 гг.), сборник документов бюро ЦК РКП(б) и Сибирского революционного комитета. Новосибирск, 1996.
Докуменгы внешней политики СССР. Т. 1-8. М., 1957-1963.
Москва- Токио: Политика и дипломатия Кремля. 1921-1931 гг. Сборник документов. Кн. 2. 1926-1931. М., 2007.
Дальний Восток России в период революций 1917 года и гражданской войны (История Дальнего Востока России. Т. 3, Кн.1). Владивосток, 2003.
Переписка И. В. Сталина и Г. В. Чичерина с полпредом СССР в Китае Л. М. Караханом (Документы. Август 1923 г. -1926 г.). М., 2008.
Сталин И.В. Сочинения. Т. 7. М., 1951

主要図版出所一覧

国立国会図書館　一九、四一、八二、一六五頁
北海道大学附属図書館　一六一頁上下

シベリア出兵　関連年表

年	月日	日本の動き	月日	ロシアと世界の動き
1917（大正6）	3・27	寺内内閣、ロシアの臨時政府承認を閣議決定	3・15	ロシアでニコライ二世退位。臨時政府が発足
	6・6	臨時外交調査委員会が発足	4・6	アメリカ、ドイツに宣戦布告
	12・3	フランス、日米連合軍のシベリア鉄道占領を提案するも日本拒否	11・7	一〇月革命、ソヴィエト政府が発足
1918（大正7）	1・12	ウラジオストクに戦艦「石見」が入港	1・8	ウィルソン米大統領の一四ヵ条を発表
	4・5	ウラジオストクに日英の陸戦隊が上陸	3・3	ブレストリトフスクでドイツとソヴィエト政府が講和条約に調印
	4・23	本野一郎に代わり後藤新平が外相に	3・21	ドイツ軍、西部戦線で大攻勢を開始
	7・8	アメリカ、日本にチェコ軍団救出の出兵提議	5・14	チェコ軍団によるチェリャビンスク事件、ロシア各地で蜂起
	8・2	日本政府、シベリア出兵を宣言	6・29	チェコ軍団がウラジオストクを占領
	8・7	日本とソヴィエト政府の外交関係が事実上断絶	7・16	エカテリンブルグにて、ニコライ二世と家族が処刑される
			8・3	イギリス軍のウラジオストク上陸

年	月・日	事項	月・日	事項
1918（大正7）	8・12	日本の第一二師団がウラジオストクに上陸	11・4	ドイツのキール港で水兵が暴動（ドイツ革命）
	9・29	原敬内閣が成立、陸相は田中義一	11・11	連合国、ドイツとの休戦協定に調印。第一次世界大戦が終わる
	11・16	ランシング国務長官、日本の駐米大使に出兵数などを文書で抗議	11・18	オムスク政府でクーデター。コルチャークが独裁者に
	12・24	原内閣、シベリアからの大量撤兵を決定		
1919（大正8）	2・10	シベリア鉄道、中東鉄道の管理について日米が協定	1・18	パリで講和会議が開幕
	3・22	アムール州イワノフカ村の焼き討ち	3・2	モスクワにてコミンテルン創立大会
	4・12	外務省、モンゴル独立運動に関与せずの声明	3・4	コルチャーク、西へ向けて大攻勢開始
	5・17	日本、コルチャーク政権を承認	6・9	赤軍がコルチャーク軍からウファを奪回
	7・22	コルチャーク政権の二個師団派遣要請を拒否	11・11	コルチャーク政権がイルクーツクに移転
1920（大正9）	1・1	本庄支隊がイルクーツクに到着（日本軍の西進の限界）	1・5	イルクーツクでコルチャーク政権が崩壊
	1・8	アメリカのグレイブス司令官、シベリアからの撤退を通告	2・7	コルチャークが処刑される
	1・13	日本軍を「東部シベリア」へ追加派兵の閣議決定		

シベリア出兵 関連年表

1920（大正9）	3・12	ニコラエフスクの日本軍がパルチザンを襲撃
	4・4	日本軍が沿海州の武装解除を開始
	6・3	ニコラエフスクに日本の救援部隊が到着
	7・3	北サハリン占領とザバイカル州撤兵を官報で告示
	7・15	日本軍と極東共和国が停戦協定を結ぶ
	7・21	日本軍、ザバイカル州から撤兵開始
	12・8	山県有朋、原敬に北サハリンを除く撤兵を助言
1921（大正10）	1・28	日華陸軍共同防敵軍事協定廃止に関し公文を交換
	5・13	極東共和国との協定を結び次第、沿海州撤兵を閣議決定
	8・26	極東共和国との大連会議が開催
	10・25	原内閣、極東共和国との軍事協定案を閣議決定
	11・4	原敬首相、東京駅で刺殺される

1920（大正9）	4・1	アメリカ軍、シベリアからの撤兵完了
	4・6	極東共和国建国
	4・25	ソヴィエト政府とポーランドが開戦
	7・9	尼港事件首謀者トリャピーツィンが銃殺される
	7・12	中国軍がウスリー地方より撤兵
	8・15	赤軍がワルシャワ攻略に失敗
	10・12	ポーランドとソヴィエト政府が停戦
	10・21	極東共和国軍がチタ占領。セミョーノフは中国に亡命
1921（大正10）	3・8	第一〇回ロシア共産党大会開催。新経済政策（ネップ）採用
	5・26	ウラジオストクでメルクーロフ政権が誕生
	11・5	ソヴィエト政府とモンゴルが修好協定を締結
	11・12	ワシントン会議が開幕
	4・3	スターリン、書記長に就任

1922（大正11）	4・16	大連会議が決裂
	6・23	加藤友三郎内閣が、一〇月末までのシベリア撤兵を閣議決定
	9・4	極東共和国との長春会議が開幕、同月に決裂
	10・25	ウラジオストクから日本軍が撤兵
1923（大正12）	1・29	ヨッフェが来日、後藤新平と会談
	6・28	川上俊彦ポーランド公使とヨッフェの会談開始
	9・1	関東大震災
	12・27	摂政の裕仁親王が狙撃される（虎ノ門事件）
1924（大正13）	1・7	清浦奎吾内閣が組閣
	5月	芳沢駐華公使とカラハン駐華全権による北京会議開始
	6・9	加藤高明内閣が組閣、外相は幣原喜重郎
1925（大正14）	1・20	「日ソ基本条約」調印。ソ連との国交樹立
	5・14	日本軍、北サハリンより撤兵

1922（大正11）	4・16	ドイツとソヴィエト政府がラパロ条約に調印
	7月	沿海州でヂチェリヒス将軍が権力を握る
	12・30	ソヴィエト社会主義共和国連邦（ソ連）が成立
1923（大正12）	1・26	孫文＝ヨッフェ共同宣言。ソ連の国民党支援が本格化
	3・3	レーニンが三度目の発作で倒れ、政治活動から離れる
	8・2	ハーディング米大統領が在任中に死去
	11・8	ヒトラー、武装蜂起を企てて失敗（ミュンヘン一揆）
1924（大正13）	1・21	レーニン死去
	2・1	イギリス、ソ連を承認
	9・18	第二次奉直戦争が勃発。張作霖が北京を掌握
1925（大正14）	1・15	トロツキーが陸海軍人民委員を解任される
	12月	ロシア共産党が全連邦共産党と改称

麻田雅文（あさだ・まさふみ）

1980（昭和55）年東京都生まれ．2003年，学習院大学文学部史学科卒業．10年北海道大学大学院文学研究科博士課程単位取得後退学．博士（学術）．日本学術振興会特別研究員，ジョージ・ワシントン大学客員研究員などを経て，現在，岩手大学人文社会科学部准教授．専攻は近現代の日中露関係史．

著書『中東鉄道経営史——ロシアと「満洲」1896-1935』（名古屋大学出版会，2012年／第8回樫山純三賞受賞）
『満蒙——日露中の「最前線」』（講談社選書メチエ，2014年）
『日露近代史——戦争と平和の百年』（講談社現代新書，2018年）
『蔣介石の書簡外交——日中戦争、もう一つの戦場』上下（人文書院，2021年）
『日ソ戦争——帝国日本最後の戦い』（中公新書，2024年／第10回猪木正道賞正賞，第28回司馬遼太郎賞受賞）
編著『ソ連と東アジアの国際政治 1919-1941』（みすず書房，2017年）
共著『知略の本質 戦史に学ぶ逆転と勝利』（日経BP，2019年）ほか

シベリア出兵《しゅっぺい》
中公新書 *2393*

2016年9月25日初版
2024年12月20日6版

著　者　麻田雅文
発行者　安部順一

本文印刷　三晃印刷
カバー印刷　大熊整美堂
製　　本　小泉製本

発行所　中央公論新社
〒100-8152
東京都千代田区大手町1-7-1
電話　販売 03-5299-1730
　　　編集 03-5299-1830
URL https://www.chuko.co.jp/

Published by CHUOKORON-SHINSHA, INC.
Printed in Japan　ISBN978-4-12-102393-3 C1221

日本史